Spaß für alle durch Kleine Ballspiele

Wo Sport Spaß macht

Bernd Müller

Spaß für alle durch Kleine Ballspiele

Meyer & Meyer Verlag

Original: „Alte und neue Kleine Ballspiele“,
Hrsg. Berliner Institut für Lehrerfort- und -weiterbildung und
Schulentwicklung (BIL)

Die Deutsche Bibliothek – CIP Einheitsaufnahme

Müller, Bernd
Spaß für alle durch Kleine Ballspiele /
Bernd Müller. – Aachen : Meyer und Meyer
(Wo Sport Spaß macht) Bd. 1 (1998)
ISBN 3-89124-486-X

Olten (CH), Wien (A), Oxford (GB), Québec (CDN),
Lansing/Michigan (USA), Findon/Adelaide (AUS),
Auckland (NZ), Sandton/ Johannisburg (ZA)
Titelfoto: Michael von Fisenne, Fotoagentur, Aachen
Grafiken: Bernd Mörsberger-Naffin, Erkner
Lektorat: Professor Neisel, Aachen; Dr. Irmgard Jaeger, Aachen
Umschlaggestaltung: Walter J. Neumann N&N Design-Studio, Aachen
Umschlagbelichtung: frw, Reiner Wahlen, Aachen
Satzbelichtung: frw, Reiner Wahlen, Aachen
Satz: Stone
Druck: Burg Verlag & Druck, Gastinger GmbH und Co. KG, Stolberg
ISBN 3-89124-486-X
Printed in Germany

Inhaltsverzeichnis

Teil I

Teil II Spielesammlung

Teil I

Einleitung

Beschreibungen und Sammlungen von Ballspielen findet man ebenso häufig wie Fehler in Diktaten. Wenn das Gedruckte das Papier wert sein soll, sollte es schon gute Gründe dafür geben, ein weiteres Buch über Kleine Ballspiele vorzulegen. Was unterscheidet also diese Spielesammlung von den Dutzenden anderer?

Mehr als 'nur' Spielideen

Dieses Buch ist aus der Praxis für die Praxis geschrieben. Ich habe mich daher bemüht, über das bloße Beschreiben von Spielideen – so wie es in der Literatur zumeist gang und gäbe ist – hinauszugehen und den Lesern[1] meine Unterrichtserfahrungen als kollegiale Unterstützung weiterzugeben (vgl. vor allem bei den Spielebeschreibungen unter *„Hinweise"*), wobei ich insbesondere die fachfremden Kollegen und die Übungsleiter im Blick hatte, die noch nicht so häufig als Spielleiter vor einer Lerngruppe gestanden haben.

Hilfen zur Spiel*erziehung*

Zum Zweiten habe ich mich ausführlich mit pädagogischen Fragen zur *Spielerziehung* beschäftigt. Anspruch war es dabei nicht, eine systematische Aufarbeitung und Auseinandersetzung mit den in der Fachdiskussion vorliegenden Ansätzen und Modellen zu leisten. Stattdessen habe ich aus den theoretischen und unterrichtspraktischen Angeboten des 'sportpädagogischen und -didaktischen Fachmarktes' zur Spielerziehung nur das aufgegriffen und begründet dargestellt, das sich als sinnvolle und segensreiche Hilfe zur Lösung für *die* alltäglichen Probleme erwiesen hat, vor die mich meine Schüler des Öfteren gestellt haben – und von denen ich glaube, dass sie auch den Kollegen häufig und schmerzhaft unter den Nägeln brennen, sodass sie sich hier wertvolle Anregungen versprechen dürfen.

---

1 Auf den Versuch, Lösungen für geschlechtsdifferenzierende Schreibweisen zu finden, die *jede* und *jeden* zufrieden stellen, verzichte ich von vornherein. Ich habe mich so weit wie möglich darum bemüht, neutrale Begriffe zu verwenden. Aus dem Grund leichterer Lesbarkeit benutze ich dort, wo dies nicht möglich ist, nur die männliche Form. Selbstverständlich sind auch immer Leserinnen, Spielleiterinnen und Spielerinnen gemeint, wenn von Lesern, Spielleitern oder Spielern die Rede ist.

Probleme im Spielunterricht spiegeln die allgemeinen Nöte einer Unterrichtspraxis wider, die viele Lehrende als zunehmend schwieriger und belastender erleben. Die Ursachen dieser veränderten Berufsanforderungen liegen in den gesellschaftlichen Wandlungsprozessen, die hier nur schlagwortartig dargestellt werden können: Auflösung der traditionellen Familie, Wertewandel bzw. Werteverlust mit daraus resultierender Orientierungslosigkeit, zunehmende Individualisierung unseres alltäglichen Lebens (mit einhergehender Isolierung), wachsendes Konkurrenzdenken – mit der Folge eines sich abschwächenden Gemeinschaftsgefühls usw. Spielerziehung im Rahmen von Schule oder Verein kommt daher nicht umhin, ihre allgemeine Erziehungsaufgabe mit zu denken und motorisches und soziales Lernen gleichermaßen in der Planung zu berücksichtigen.

Einen sehr aktuellen Aspekt dieser gesellschaftlichen Wandlungsprozesse, der über den Sportunterricht hinausweist, möchte ich hervorheben: Gemeint ist das Problem der zunehmenden **Gewaltbereitschaft** unter Kindern und Jugendlichen. Die Ursachen dafür sind vielfältig, zwei wichtige für diesen Zusammenhang:

a) Vielen Kindern mangelt es an Modellen zur friedlichen, konstruktiven Lösung von Konflikten, weil Erwachsene nicht genügend Zeit für sie haben. Daher übernehmen Kinder oft Konfliktlösungsmuster – insbesondere aus dem Fernsehen –, die auf den Einsatz von Gewalt setzen.
b) Prägendes Merkmal der „Kinderkultur" früherer Jahrzehnte war, dass Kinder – selbstständiger als heute – vielfältige Erfahrungen des sozialen Umgangs mit Gleichaltrigen sammeln konnten, bevor sie in die Schule kamen (= „Straßenkindheit"). Diese Form der Sozialisierung von Kindern ist jedoch heute weitgehend – zumindest in den großen Städten – verschwunden, sodass es vielen Kindern an sozialen Kompetenzen mangelt.

Spielerziehung bedeutet in erster Linie *Erziehung*. **Erziehung zur selbstständigen Spielgestaltung** ist ***ein*** **Baustein der Gewaltprävention**. Wenn Kinder lernen, mit Niederlagen konstruktiv umzugehen (vgl. dazu Band 2), Regeln miteinander zu vereinbaren und selbstverantwortlich zu überwachen, indem sie beispielsweise Schiedsrichterfunktionen übernehmen, ihre Streitigkeiten in eigener Regie zu verhandeln und ohne Gewalt zu befrieden – dann könnte dies ein Stück 'Nacherziehung' vermitteln, um positive Formen menschlichen Zusammenlebens zu erlernen. Die Anwesenheit und Unterstützung durch einen Erwachsenen ist dabei gleichermaßen hilfreich und notwendig; denn vielfach sind Kinder als „sozialblind“ und „erörterungstaub“ beschrieben worden[2], die freie Handlungsräume zur rigorosen Durchsetzung egoistischer Interessen nutzen, sodass andere Kinder dabei leicht auf der Strecke bleiben. Hier sind Lehrende als Anwalt für Chancengleichheit und zur Wahrung der Rechte *aller* gefordert.

Zwei Kriterien zur Spielesammlung

Des Weiteren habe ich an die Auswahl der Spiele zwei grundsätzliche Forderungen gestellt:

1. (Bewegungsintensive) Spiele auch für ungünstige Raumverhältnisse

In Lehrerfortbildungsseminaren habe ich häufig die Klage von Kursteilnehmern gehört: „Diese Spiele kann ich bei mir nicht machen, unsere Halle ist zu klein!“

In der Tat: Viele Ballspiele benötigen einen großflächigen Spielraum, der in unseren Schulen leider nicht überall zur Verfügung steht. Das Spielen auf dem asphaltierten oder schottererdigen Hof birgt oft eine (zu) große Verletzungsgefahr, und so muss auf die (meist zu kleine) Turnhalle zurückgegriffen werden. Das Problem der Raumnot wird sich in den nächsten Jahren angesichts fehlender Finanzmittel eher noch verschärfen. Ein leitender Gedanke bei der Spielauswahl war deshalb, vermehrt (aber nicht ausschließlich!) solche Spielformen darzustellen, die auch unter ungünstigen räumlichen Bedingungen die **Gelegenheit zu bewegungsintensivem Spielen** und Üben bieten, um **elementare Spielerfahrungen** zu vermitteln. Der Anspruch nach Bewegungsintensität verdient besondere Aufmerksamkeit – haben doch Untersuchungen wiederholt darauf hingewiesen, dass die durchschnittliche effektive Bewegungszeit in einer Sportstunde zwischen 5–7 Minuten liegt. Spiele, die eine gleichzeitige Teilnahme vieler oder aller Spieler auch unter beengten Raumverhältnissen ermöglichen, sind im alphabetischen Spieleverzeichnis auf Seite 155 mit einem *-Zeichen markiert.

2. Befriedigende Teilnahme am Spielgeschehen für alle

Die Spiele sollen von ihrer Grundidee und Anforderungsstruktur her eine befriedigende Teilnahme am Spielgeschehen für *alle* Spieler, für leistungsstarke und leistungsschwache, für Jungen und Mädchen ermöglichen. (Da in vielen Regelschulen und in manchen Vereinen mittlerweile auch behinderte

2 Vgl. z.B. GILLES, U.: Kein Spaß ohne Risiko? In: Lernen Fördern 4/92, S. 14.

Kinder integriert sind, habe ich an einigen Stellen Beispiele gegeben, um anschaulich zu machen, dass auch diese Gruppe von Kindern in ein gemeinsames Spiel einbezogen werden kann, ohne dass einer der Beteiligten Angst haben müsste, zu kurz zu kommen.) Dass das pädagogisch selbstverständliche Gebot – „Spiel für alle" – keinesfalls leicht in der Praxis zu erfüllen ist, wissen Unterrichtende aus eigener Erfahrung:

- Die zunehmende Bewegungsarmut unseres Lebens ist an unseren Kindern ablesbar: Viele verfügen im Grundschulalter häufig nicht mehr über die grundlegenden Fähigkeiten im individuellen Umgang mit dem Ball, um bei Ballspielen erfolgreich mitmachen zu können.
- In der Schule wird das Spiel oft von einigen wenigen, motorisch begabten oder im Verein geschulten Kindern dominiert. Hinzu kommt ein 'systemimmanentes' Problem von Ballspielen in der Schule gegenüber dem Verein: In der Schule sind Kinder zum Ballspiel sehr unterschiedlich inspiriert, da sie zum Mitmachen verpflichtet sind. Außerden haben es Lehrende mit sehr leistungsheterogenen Gruppen zu tun. Im Verein hingegen stehen Trainer ausschließlich freiwilligen, also grundsätzlich (selbst-) motivierten Spielern gegenüber. Hier darf der Spielleiter auch eher leistungshomogene Gruppen erwarten – zumindest bei den Älteren, wohingegen dies im Anfängerbereich noch die seltene Ausnahme sein dürfte, bis sich die 'Spreu vom Weizen' getrennt hat.

Aus der Forderung „Spaß für alle" leiten sich wiederum zwei didaktisch-methodische Schwerpunkte ab:

Schwerpunkt 1: Spiele mit der Hand

Die Spielesammlung enthält in der Mehrzahl *Hand*-Ballspiele. Denn aufgrund der geringeren koordinativen Bewegungsanforderungen bei Spielen mit der Hand lässt sich das hier gesetzte Ziel einfacher verwirklichen als bei Spielen mit dem Fuß.

Darüber hinaus ist eine intensivere Schulung der Fähigkeit zur genauen und sicheren Auge-Hand-Koordination für das alltägliche Handeln weitaus bedeutsamer als eine Förderung der Auge-Fuß-Koordination. (Viele der Spielformen lassen sich selbstverständlich jederzeit auch als „Spiele mit dem Fuß" durchführen, wenn dies beabsichtigt wird.)

Ein weiterer Gesichtspunkt ist, dass beim *„Fußball"* die meisten Jungen in der Regel über einen uneinholbaren Erfahrungsvorsprung gegenüber den Mädchen verfügen, der ein gemeinsames Spiel oft äußerst schwierig gestaltet. Meist enden solche Spiele mit Enttäuschungen für alle Beteiligten: „Mit Mädchen kann man einfach nicht spielen, die sind zu blöd!", werfen die Jungen den Mädchen vor, die sich ihrerseits häufig resigniert zurückziehen: „Warum sollen wir überhaupt mitspielen, wir kriegen ja doch nie den Ball!" Um beiden Geschlechtern „gerechte" Anteile am Spielgeschehen und damit gleichermaßen Freude durch Erfolgserlebnisse zu ermöglichen, sind auch aus diesem Grund Ballspiele mit der Hand vorteilhafter.

Schwerpunkt 2: Chancen zum erfolgreichen Zielwurf für jeden

Angesichts der großen Spannbreite der Lernvoraussetzungen und Fähigkeiten innerhalb schulischer Klassen und Lerngruppen im Verein dürfen für ein befriedigendes Spielerlebnis aller Beteiligten keine außergewöhnlichen motorischen Fähigkeiten und Fertigkeiten vorausgesetzt werden, damit vor allem leistungsschwächere Spieler die Chance zum erfolgversprechenden Zielwurf/-schuss erhalten.

Zwei Beispiele:

- Beim Großen Sportspiel *„Handball"* wird der Ball häufig – besonders vor dem Tor – den wurfstärksten Spielern zugespielt, weil den anderen die körperlichen Voraussetzungen für einen erfolgversprechenden Wurfversuch fehlen (mangelnde Wurfkraft z.B.).
- Beim *„Basketball"* werfen meist die spieldominierenden, lautstarken Spieler auf den Korb, weil die übrigen Mitspieler das Risiko von Fehlwürfen aufgrund von persönlicher Unsicherheit, fehlendem Selbstvertrauen oder Ängsten (vor Kritik oder Beschimpfungen) scheuen.

Zwei Antworten auf mögliche Leserfragen

Wenn Sie das Inhaltsverzeichnis überflogen haben, sind Sie möglicherweise stutzig geworden: Viele Spiele mögen Ihnen bekannt vorkommen, sodass Sie sich fragen: Wo sind die versprochenen neuen Ideen? *„Völker-", „Jäger-", „Brennball", „Ball über die Schnur"* – das kenne ich doch alles! Und Sie könnten sich, zweitens, nicht nur darüber wundern, dass die vier 'großen' der Kleinen Ballspiele einen so breiten Raum in der Spielesammlung einnehmen, sondern sich auch von der Variationsfülle 'erschlagen' fühlen und denken: Wann soll ich das jemals alles spielen?

Im Vordergrund: das Kind

Zum ersten Einwand: Im Mittelpunkt dieses Buches steht ein „kindorientiertes Anliegen" – die **Zielvorstellung** nämlich, Spielstunden so zu gestalten, dass ein **befriedigendes Spielerlebnis für jeden** möglich wird. In diesem Darstellungsinteresse unterscheidet es sich daher von der Vielzahl von Büchern, in denen es primär um die „Sache" Kleine Ballspiele geht – z.B. als methodischer Weg zu den „Großen Sportspielen" (*„Hand-", „Basket-", „Fuß-" und „Volleyball"*).

Unter dieser Zielvorstellung *müssen* neben dem Bewegungslernen auch die sozialen Probleme in den Blick genommen werden; denn Spielerziehung ist mit Tausenden von gefühlsbeladenen Stolpersteinen (= „Störungen") gepflastert. Sind Kinder z.B. unzufrieden und verlassen das Feld, hat das in erster Linie zumeist 'hausgemachte' Gründe: Dominanz leistungsstarker Spieler, zu wenig positive Erlebnis- und Erfolgsmöglichkeiten. Ein Neues dieser Spielesammlung ist daher der Nachweis, dass mit Phantasie und der Bereitschaft zum Nachdenken auch Altes wieder 'flottgemacht' werden kann. Und da *„Ball über die Schnur", „Brenn-", „Jäger-" und „Völkerball"* wahrscheinlich zu *den* Kleinen Ballspielen zählen, die am meist verbreitetet sind und am häufigsten in (Grundschul-) Unterricht und Verein gespielt werden, beanspruchen sie in dieser Sammlung nicht nur die meisten Seiten für sich: Es sollen an eben genau diesen Spielen die unendlichen Veränderungsmöglichkeiten vorgeführt werden, um Spiele 'passend' zu machen.

Spiellösungen – für viele Fälle
Zum zweiten Einwand: Über die Zielsetzungen „jeder-soll-dabei-sein" und „Verbindung von motorischem mit sozialem Lernen" herrscht vielfach Einigkeit. Doch in der Praxis mangelt es an konkreten Ideen zur Realisierung dieser Ziele, und so wird z.B. *„Brennball"* wie eh und je immer mit einem Werfer gespielt. Die umfangreiche Sammlung von Variationsmöglichkeiten soll daher für Spielleiter eine pralle Kiste von Ideen bereitstellen, aus der Sie sich zunächst die Ideen herauspicken, die Sie auf den ersten Blick ansprechen.[3]

Oft genug stockt das Spiel, sind Kinder unzufrieden und wünschen eine Veränderung oder gar ein neues Spiel. Natürlich sollte man – nach meinem Ver-

3 Die Faszination über die vielfältigen, unendlichen Veränderungsmöglichkeiten einer Spielidee bildet – ich gestehe es – *auch* ein wichtiges Motiv zum Zusammentragen der zahlreichen Spielformen. Ich hoffe, dass ein wenig dieser Begeisterung auf die Leser überspringt. Vor allem jedoch wünsche ich mir, dass Sie Lust bekommen, eigene Spielformen zu entdecken, entweder allein in einer kreativen Stunde oder – besser – gemeinsam mit Ihrer Lerngruppe: Denn so schön auch die Ideen anderer sein mögen – die schönsten sind meist doch die eigenen, oder?!

ständnis – zuallererst immer die Lösungen von den Kindern selbst suchen und vereinbaren lassen, aber oft genug erschöpft sich ihr Reden im fruchtlosen Nörgeln und Meckern. Man selbst hat leider auch nicht immer den genialischen Einfall eines Alexander des Großen zum Durchschlagen des Gordischen Knotens parat. Um bei Bedarf aus dem Vollen schöpfen zu können, ist daher ein umfangreicher Ideenvorrat zur Lösung von Spielproblemen hilfreich. Denn manch eine Idee, von der wir meinen, *das* wäre sie, mögen Kinder ganz und gar nicht, die andere hingegen, eigentlich gar nicht so sehr nach unserem Geschmack, akzeptieren sie zu unserem Erstaunen mit sofortiger Begeisterung ...

Ausgewählte Hinweise zu den theoretischen Vorüberlegungen in Band 1 und 2

Spielerziehung gipfelt für mich darin, wenn Menschen im Bewusstsein dessen spielen, dass ein Spiel in erster Linie um seiner selbst willen gespielt wird und sein (Selbst-) Zweck vor allem darin besteht, Freude, Spaß und Wohlbefinden zu vermitteln. Das 2. Kapitel umreißt das **Spannungsfeld** von Spielen im Rahmen von Unterricht **zwischen Eigenständigkeit und Instrumentalisierung**; es weist auf mögliche Gefährdungen der Kleinen Ballspiele hin, die sich daraus ergeben können, wenn diese zu stark als Mittel zum Zweck (= Lehren der Großen Sportspiele) aufgefasst werden.

Das 3. Kapitel bildet das pädagogische und methodische Herzstück des ersten Bandes. Es beschäftigt sich mit dem zentralen Ziel von Spielerziehung, – „Spielfähigkeit" zu vermitteln. Dass Spielen lernen mehr bedeutet als nur einen Ball sicher fangen und genau werfen zu können, wird anhand praktischer Beispiele veranschaulicht.

Kapitel 4 behandelt **Vermittlungsfragen von Ballspielen**. Wer Kinder ihrem aktuellen Könnensstand gemäß fördern und fordern will, muss sich zunächst der Anforderungen eines Spiels sowie der altersbedingten Voraussetzungen der Kinder bewusst werden, um darauf aufbauend die passenden methodischen Schritte wählen zu können. Das 'Übersehen' dieser Zusammenhänge führt in der Regel zu enttäuschenden und nervenaufreibenden Unterrichtsergebnissen und hat wahrscheinlich schon manch einen Kollegen an sich oder seinen Kindern zweifeln lassen. Ausgehend von der Frage „Wie Ballspiele einführen?", werden in diesem Kapitel auch die Überlegungen ausgebreitet, die zur **Gliederung** der **Spielesammlung** in vier Spielgruppen führten.

In Band 2 werden Überlegungen angestellt und Lösungsvorschläge gegeben, in welcher Weise die „soziale Seite" des Spielenlernens pädagogisch und methodisch durch die Lehrenden direkt oder indirekt unterstützt werden kann. Hervorheben möchte ich hier zunächst das Problem des **Wettkampfprinzips**, das ein konstitutives Merkmal vieler Kleiner Ballspiele ist und für die meisten Kinder eine besondere Lernhürde darstellt; denn das Sieg-Niederlage-Prinzip verlangt ihnen in aller Regel erhebliche Mühen ab, bevor sie einen entspannten und souveränen Umgang damit entwickeln. (Dass viele Spieler daran noch im Erwachsenenalter arbeiten, kann man an jedem Wochenende allenthalben auf Sportplätzen und in Sporthallen beobachten!) Hilfen und Anregungen für diesen – in der Ballspielliteratur bisher vernachlässigten Bereich und über den Sport zum Teil hinausgehenden – Lernprozess habe ich daher ausführlich dargestellt. Meine Hoffnung ist, dass auch jene Spielleiter, die aufgrund „pädagogischer Bauchschmerzen" anstreben, Wettkampfspiele weitgehend oder sogar gänzlich aus ihrem Unterricht zu verbannen, zu einer veränderten Sichtweise angeregt werden; denn nur wer lernen muss, mit Niederlagen fertig zu werden, kann auch viel gewinnen.

„Spielfähig" werden Lernende nicht automatisch dadurch, dass sie viel spielen – Nachdenken und Sprechen über das Spiel und die eigenen Erfahrungen gehören dazu. Wie dieser Lernweg pädagogisch begleitet und unterstützt werden kann, zeigt ein weiteres umfangreiches Kapitel.

Zum Abschluss möchte noch einige **Hinweise** zur formalen Gestaltung der **Spielbeschreibungen in den praktischen Teilen** geben:

- Als Erstes erfolgen Angaben über die Eignung von Spielen für bestimmte **Altersstufen** – in dem Bewusstsein, dass solche in der Literatur üblichen Nennungen oft problematisch sind: Aussagen wie „Geeignet von 8–10 Jahren" waren in meiner Entscheidungsnot, ob ich denn nun dieses Spiel für meine 3. Klasse nehmen könnte oder nicht, oft wenig hilfreich, da bei der Einführung eines Spiels nicht nur seine Anforderungen, sondern ebenso die Vorerfahrungen der Lernenden zu beachten sind. Wer häufig(er) mit seinen Kindern spielt, wird ein Gespür für die „Passung" eines Spiels und für die Voraussetzungen der Lernenden entwickeln. Da nicht alle Unterrichtenden über diese Erfahrungen verfügen, habe ich als grobe Orientierung das meiner Ansicht nach früheste Einstiegsalter angegeben. (Des Weiteren empfehle ich dem Leser für diese Problematik unbedingt die Lektüre des 4. Kapitels des ersten Bandes, das wichtige Fragen im Hinblick auf die Altersangemessenheit eines Spiels behandelt.)

- Daran schließen sich – in einer gemeinsamen Rubrik – Hinweise an über **Gruppengröße** und hervorgehobene **Spielrollen** (z.B. Anzahl von „Jäger"- und „Hasen"-Spielern, Mannschaftsgröße usw.). Bei den Angaben für notwendige **Materialien** werden nur die für das jeweilige Spiel spezifischen Gegenstände und Objekte aufgeführt; Immer-Wiederkehrendes (wie Parteibänder) wird nicht erwähnt.

- Nach der Beschreibung der **Spielidee** folgen in der Regel **Hinweise** über Organisatorisches, Methodisches und Pädagogisches – oder sonstige Anmerkungen, die mir mitteilenswert erscheinen.

1 Was zeichnet Kleine Ballspiele aus?

Der Begriff „Kleine Ballspiele" kann zu Fehldeutungen führen – insbesondere dann, wenn er den „Großen Spielen" gegenübergestellt wird: Legt er doch *„ausdrücklich oder unterschwellig nahe, dass Kleine Spiele nur Spiele der „Kleinen" und Verkleinerungen der Spiele der „Großen" sind, ..."*[4] Diese Annahme ist jedoch falsch, da Kleine Ballspiele sich für alle Altersstufen, vom Kindergarten bis zum Seniorensport, vielfältig einsetzen lassen. Was unterscheidet also hauptsächlich Kleine und Große Ballspiele voneinander?

Merkmale Kleiner Ballspiele

Kleine Ballspiele zeichnen sich zunächst aus durch:

- Einfache Organisation und wenig Vorbereitungsaufwand,
- Anpassungsfähigkeit an die räumlichen, zeitlichen und materiellen Gegebenheiten,
- Variabilität der Regeln im Hinblick auf die Leistungsvoraussetzungen und Wünsche der Spieler sowie der Vermittlungs- und Übungsabsichten der Lehrperson.

Sie unterscheiden sich von den Großen Sportspielen in erster Linie dadurch, dass sie

- *„keinem national oder international vereinbarten Regelwerk unterliegen,*
- *nicht ausschließlich auf Konkurrenz und Wettkampf hin angelegt sind*
- *und keine in Vereinen und Verbänden organisierte Wettbewerbspraxis gefunden haben."*[5]

4 SCHERLER, K.H.: Mit Kleinen Spielen zu Großen Spielen? In: DIETRICH, K./LANDAU, G. (Hrsg.): Beiträge zur Didaktik der Sportspiele III. Schorndorf 1977, S. 38.

5 SCHERLER, a.a.O., S. 40.

Wichtiges Merkmal: geringer Grad an Regelung
Das zentrale Unterscheidungsmerkmal der Kleinen von den Großen Ballspielen ist demnach die geringe Kodifizierung ihres Regelwerks. Dieser spezifische Aspekt verleiht ihnen eine eigenständige Bedeutung (vgl. nächstes Kapitel) und eröffnet zugleich ihre besonderen didaktischen Möglichkeiten: Da die Kleinen Ballspiele *„keinen hemmenden Einflüssen durch bekannte Handlungsmuster (Fernsehen, Zuschauer) wie die Großen Sportspiele“*[6] unterliegen und Lernende ihnen mit der notwendigen Lernoffenheit begegnen, können im Unterricht die vielseitigen Anwendungs- und Variationsmöglichkeiten der Kleinen Ballspiele auch tatsächlich ausgeschöpft werden. Die „hemmenden Einflüsse“ dürften jedem Lehrenden vertraut sein – als Widerstand zumindest einiger Spieler, sich z.B. auf eine Abweichung vom „richtigen“, vertrauten *„Fußballspiel“* einzulassen, wenn man Regelveränderungen vorschlägt, um den weniger spielgeübten Kindern dadurch mehr Chancen zur befriedigenden Spielteilnahme einzuräumen.

Als letztes Merkmal sei auf die meist recht einfache, leicht verständliche Spielidee der Kleinen Ballspiele hingewiesen, die ein schnelles Zum-Spiel-Kommen ohne lange zeitraubende Erklärungen erlaubt, – was dem spontanen Spiel- und Handlungsbedürfnis vor allem jüngerer Kinder sehr entgegenkommt.

6 STÜNDL, H.: Koeduktion und Kleine Spiele. Schorndorf 1979, S. 22.

2 Kleine Ballspiele: eigenständiges Thema für den Unterricht

2.1 Gefahr der Instrumentalisierung für 'höhere' Ziele

Vier didaktische Begründungen für Kleine Ballspiele
In der Literatur werden im Wesentlichen vier Begründungsmuster für die Thematisierung Kleiner Ballspiele im Sportunterricht genannt:

1. Kleine Ballspiele dienen der **Vorbereitung auf** die normierten und wettkampfmäßig betriebenen **Großen Sportspiele**. Es geht vorrangig um die Vermittlung motorischer und taktischer Grundfertigkeiten, wie z.B. Fangen, Zuspielen und Werfen sowie Sich-Freilaufen und Decken des Gegenspielers.
2. Es wird ihnen eine **Ausgleichsfunktion** in Bezug auf das bewegungsunterdrückende Sitzen im normalen Klassenunterricht zugesprochen („Austoben").
3. Kleine Ballspiele **befriedigen** das **Bedürfnis** von Kindern und Jugendlichen nach **Wettkampf** und Leistungsvergleich.
4. Sie ermöglichen eine **Erziehung** zum sozialen Miteinander (Regeln absprechen und einhalten usw.).

Allen Begründungen ist gemeinsam, dass mit der Durchführung von Spielen bestimmte Absichten und 'Nutzanwendungen' verfolgt werden (= Erziehung *durch* Spiel). Dies steht zunächst im Widerspruch zu der Behauptung, dass das wesentliche Merkmal von Spielen ihre Zweck- und Nutzlosigkeit sei und ihr Wesen und ihre Sinnhaftigkeit darin lägen, dass sie um ihrer selbst willen gespielt würden (= Erziehung *zum* Spiel).[7]

Spiele um ihrer selbst willen – ein seltener Fall
Schaut man in die Geschichte, so stellt man jedoch fest, dass an Spiele fast immer bestimmte Verwendungsabsichten von außen herangetragen wurden. Vielfach wurden sie insbesondere für die Ziele der Kindererziehung ein-

7 SCHEUERL zit. nach GRUPE, O.: Bewegung, Spiel und Leistung im Sport. Schorndorf 1982, S. 111.

gespannt, um den Nachkommen die Normen und Werte der jeweiligen Gesellschaft zu vermitteln, die für das Überleben bzw. für das erfolgreiche Handeln innerhalb der Gemeinschaft als wesentliche Voraussetzung angesehen wurden.[8]

Der Zweck eines Spiels – es um seiner selbst willen spielen

Die Behauptung, das wahre Spiel würde nur um seiner selbst willen gespielt, erweist sich bei näherem Hinsehen grundsätzlich als trügerisch; denn jedes Spiel trägt einen immanenten Zweck in sich, um dessentwillen es überhaupt inszeniert wird: Menschen spielen, weil sie **Spannung, Aufregung, Spaß** und **Freude** durch das Spiel gewinnen wollen – konkreter bezogen auf Ballspiele lautet der ergänzende Zweck, sich in seiner Geschicklichkeit und 'Gewitztheit' durch körperliche Bewegungen zu messen. Wird das Spiel langweilig, so hat es keinen Sinn mehr und man beendet es – es sei denn, man ist aus irgendwelchen Gründen zum Weiterspielen verpflichtet. Diese in ihm selbst liegenden Absichten verfolgt also zumindest jedes Spiel, auch wenn das, was unter Spannung und Spaß usw. verstanden wird, sich historisch verändert hat.

Gefährdung des Spiels – wenn es für andere Dienste eingespannt wird

All die oben aufgeführten Verwendungsabsichten für Kleine Ballspiele haben ihre sachliche Berechtigung: Denn Spiele sind durchaus 'verträgliche Wesen', wenn es darum geht, andere – wie beispielsweise pädagogische – Zwecke 'mitspielen' zu lassen. Aber dennoch: Die von außen herangetragenen Absichten *können* das Spiel **instrumentalisieren**, d.h. ihm Aufgaben aufbürden und Erwartungen aufladen, die entweder den Bedürfnissen der Spieler zuwiderlaufen oder aber den inneren, spielimmanenten Sinngehalt des Spiels, seinen Eigenwert zu zerstören drohen – und oft genug tatsächlich zerstören:

- Nahe liegende Beispiele bietet der leistungsorientierte Wettkampfsport, wo oft genug das Streben nach Erfolg um jeden Preis und der Zweck des Geldverdienens so sehr in den Vordergrund rücken, dass bisweilen nicht nur der innere Sinn des Spielens zerstört wird[9], sondern sogar die Spieler

8 Vgl. z.B. FRITZ, J.: Vom Verständnis des Spiels in Gruppen. Mainz 1986, S. 19ff.

9 Typischer Trainerkommentar auf Pressekonferenzen nach einem Spiel: „Das Spiel war grausig – für alle Akteure und Zuschauer. Aber wir brauchten die Punkte, das war die Hauptsache – deshalb war unsere Spielweise gerechtfertigt!"

sich selbst, z.B. durch Doping, oder auch sich gegenseitig bewusst Schaden zufügen – Beispiel dafür sind die absichtlich begangenen Fouls, um dem Gegner den „Nerv zu ziehen" und bei denen körperliche Verletzungen des Gegenspielers billigend in Kauf genommen werden.

- Selbst bei Vereinsspielen der untersten Spielklassen beobachtet man mitunter erschreckende Parallelen: Was ehemals als entspannender und gesunder Ausgleich gedacht war, ist oft genug nicht nur ein Kampf um Punkte, sondern ein verbiesterter, mit aller denkbaren Härte und verbissenen Strenge geführtes Ringen: (Sport-) Spiel als Kampfplatz.[10]

Die extremen Beispiele aus außerschulischen Bereichen sollen für die *mögliche Gefährdung* des Spiels sensibilisieren, wenn es vor den Karren 'spielfremder' Zwecke gespannt wird. Denn eine solche Klippe lauert auch in der Schule: Der zweckgebundene Auftrag der Institution Schule lautet, Lehrstoff zu vermitteln, um Kinder durch das Lehren bestimmter Fähigkeiten und Kenntnisse auf ihre Teilhabe am späteren gesellschaftlichen Leben vorzubereiten: „In der Schule wird nicht mehr gespielt, sondern gelernt!" Entsprechend sucht jede der oben aufgeführten fachdidaktischen Begründungen für Kleine Ballspiele ihre Legitimation in einem 'höheren' Ziel – der Eigenwert, der selbständige Charakter des Spieles wird nicht mehr thematisiert.[11] Anhand der ersten, in der Fachliteratur besonders häufig angeführten Begründung („Kleine Ballspiele als Vorbereitung auf die Großen Sportspiele"), soll dieser Gedanke ausführlicher und anschaulicher dargelegt werden.

Kleine Ballspiele als 'Diener' für Spielreihen ...

Kleine Ballspiele werden hier in einen sachlogisch-vorbereitenden Zusammenhang gestellt – der sogenannten „Spielreihe". Jedem Spiel kommt darin die Aufgabe zu, ein nachfolgend komplexeres Spiel zu ermöglichen: *„Eine Spielreihe ist eine Folge von vorbereitenden Spielen und Vorspielen, die von einem Ausgangs- zu einem Zielspiel führen soll."*[12]

---

10 *„Im nicht bezahlten Fußball eskaliert die Gewalt ... Schwere Spielverletzungen mit mehrwöchigen Klinikaufenthalten und monatelangen Arbeitsausfällen ... haben ... erschreckend zugenommen."* In: DEUTSCHE OLYMPISCHE GESELLSCHAFT (Hrsg.): FAIRhalten – Materialien zur Fairnesserziehung in der Schule. Frankfurt a.M. 1992, S. 108.

11 Beispielhaft dafür: *„Kleine Spiele lassen sich für viele Zwecke ausnutzen. Sie dienen im sportlichen Training zur Erwärmung, zur aktiven Erholung und zur allgemeinen konditionellen und koordinativen Entwicklung. Für die Sportspiele sind sie ein wichtiges Mittel zur Schulung technisch-taktischer Grundfertigkeiten."* (LÖSCHER, A.: Kleine Spiele für alle. Berlin (Ost) 1986, S. 8)

12 SCHERLER, a.a.O., S. 41.

Spielreihen sind ein bewährtes und kindgerechtes lernmethodisches Verfahren der Spielvermittlung. Gegen Spielreihen ist grundsätzlich also nichts einzuwenden – so lange, wie Kleine Ballspiele nicht einseitig als bloßes *Mittel* zum Erlernen von Techniken oder Spielen aufgefasst werden! Ist dies der Fall, besteht die Gefahr, dass Kleine Ballspiele eher den Charakter einer *Übung* als den eines *Spiels* annehmen. Übungen aber bedürfen eines übergreifenden Zusammenhangs, um aus der Sicht der Lernenden sinn- und freudvoll zu erscheinen – im Gegensatz zum Spiel, das seinen Wert in sich selbst findet.

Wenn Spiele von Lehrenden so gedeutet und im Unterricht inszeniert werden, spüren Schüler sehr schnell, dass unter dem Mantel des „Wir-machen-ein-schönes-Spiel" versteckte Lehrziele transportiert und durchgesetzt werden sollen. Dann *kann* es zu einem Konflikt kommen zwischen der

a) *sach-logischen* Auslegung der Unterrichtenden, die das Spiel nur als einen notwendigen Schritt auf dem Weg zum 'eigentlichen' Zielspiel sehen und
b) der *psycho-logischen* Bedeutsamkeit für die Lernenden, da sie das übergeordnete Lernziel nicht (er)kennen, es vergessen haben, es ihnen gleichgültig ist oder sie aus der Situation heraus andere Bedürfnisse entwickeln.

... können zu Konflikten zwischen Lernenden und Lehrenden führen

Zwei – stark vereinfachend dargestellte – Beispiele sollen diesen *möglichen* Widerspruch zwischen Spielerbedürfnissen („Wir wollen weiterspielen!") und Lehrerinteressen („Die müssen was lernen!") veranschaulichen helfen:

- Im Spiel kommt es zum Streit. Fasst der Spielleiter ihn als notwendigen Bestandteil von Spielenlernen auf, wird er wahrscheinlich Zeit und gegebenenfalls seine Unterstützung zur Lösungsfindung bereitstellen, auch wenn es Veränderungen oder gar Abstriche von seiner ursprünglichen Planung zur Folge hat.

  Interpretiert die Lehrperson den Konflikt hingegen als „lästige Störung", die das schnellstmögliche Erreichen ihrer Unterrichtsziele zu gefährden droht, wird sie möglicherweise mit Hilfe ihrer Autorität – und nötigenfalls mit Sanktionen – den Konflikt auflösen wollen („Hört auf zu streiten und spielt vernünftig weiter; ihr vergeudet nur Zeit mit eurem Theater!" „Wenn du nicht aufhörst, setzt du dich eine Weile auf die Bank!").

- Das Spiel 'läuft', die Spieler beherrschen in den Augen des Leiters die zu erlernenden Fertigkeiten und spieltaktischen Fähigkeiten („Lernziele erfüllt!"). Er wird daher vermutlich das Spiel abbrechen wollen, um zum nächsten Lernschritt innerhalb der Spielreihe überzuleiten, da dies die Logik des spielmethodischen Aufbaus sowie seine ergebnisorientierte Sichtweise von Spielunterricht nahe legt („Wir müssen möglichst schnell zum richtigen Spiel kommen!").

Dass dies aber nicht der Wunsch der Spieler ist, die stattdessen ihre Freude am gelungenen Spiel *jetzt* genießen wollen – und die oftmals entsprechend „unwillig" oder „störend" auf den Abbruch reagieren –, gerät auf diese Weise allzu leicht aus dem Blick des Lehrenden. Dadurch kann möglicherweise die Motivation zum weiteren Lernen und Üben beeinträchtigt sowie die Beziehung zwischen dem Spielleiter und seiner Gruppe gestört werden.

Erfolgreiche Balance von Spielvermittlung

Lehrende müssen sich deshalb der latenten Gefahr bewusst sein, *„einem durch die Spielreihe suggerierten Lernfortschritt nachzujagen"*. Gelungener Spielunterricht heißt zweierlei: *„Ein Spiel „auszukosten"*, aber *auch weiterzuentwickeln* (oder ein neues zu spielen; B.M.), *wenn es langweilig wird und die Spieler nicht mehr herausgefordert sind."*[13]

2.2 Den eigenständigen Sinn von Spielen betonen

Wenn man Kleine Ballspiele vor allem als Zulieferer für die wettkampforientierten Großen Sportspiele ansieht, dann liegt es auch nahe, die Sinngebung des Überbietens und Gewinnens zu übernehmen. Nicht die ursprüngliche Auffassung – Freude an einem freudvollen Spielerlebnis mit anderen zu haben – steht im Vordergrund, sondern das Siegen-Wollen oder sogar Müssen um jeden Preis.

Die 'Versportlichung' der Kleinen Ballspiele steht u.a. im Zusammenhang mit der Aufwertung des Sports in unserer Gesellschaft – etwa mit Beginn der 60er Jahre – sowie der Veränderung zentraler Wertmaßstäbe der Gesellschaft selbst: Leistung, Leistungssteigerung, Erfolg sind die wichtigsten Leitlinien unseres Handelns geworden, denen sich auch Schule und Verein nicht entziehen konnten und wollten.

Diese Entwicklung erklärt auch das Auftauchen von *„Mini-Basketball"* oder *„Mini-Handball"*, die als verkleinerte Abbilder der 'richtigen' Sportspie-

---

[13] DIETRICH, K.: Sportspiele in der Schule. In: DIETRICH, K. (Hrsg.): Sportspiele. Reinbek 1985, S. 19.

le die Kinder möglichst frühzeitig in das wettkampforientierte Spiel einführen sollen. An solchen Bestrebungen teile ich die folgende Kritik: *„Zu frühe Reglementierungen, Spezialisierungen, Festlegungen führen schnell zum Ausschließen, Verweigern, Abwenden von dem, was für alle Kinder wichtig ist: das selbstvergessene Spiel, das Sich-Verlieren im Spiel, das Sich-Einlassen auf das Spiel, das intensive und vollständige Da-Sein.“*[14] Lernende müssen Freiräume haben, da sich andernfalls keine Spielaktivitäten und damit kein „spielerisches Spielen“ entfalten können.

Spielerlebnis in den Mittelpunkt!

Um mögliche Missverständnisse auszuschließen: Natürlich hat Sportunterricht die Aufgabe, die Schüler auf das außer- und nachschulische Handlungsfeld des institutionalisierten Sports vorzubereiten, und Kleine Ballspiele können und sollen auch die Aufgabe als 'Zulieferer' für die Großen Sportspiele erfüllen! Doch darf dabei das zentrale Bedürfnis der Spielteilnehmer nach Spannung, Wohlbefinden und Freude – anders ausgedrückt: das Erlebnis des Spielens – niemals aus dem Blickfeld geraten! Beides kann wunderbar Hand in Hand gehen, wenn im Bewusstsein der Unterrichtenden stets präsent ist, dass *„der sportartbezogene Einsatz von Kleinen Ballspielen eben nur ein möglicher spieldidaktischer Ansatz“*[15] ist.

Das auf Wettkampf hin ausgerichtete Denken wird zusätzlich dadurch genährt, dass die Handlungsidee der Sportspiele selbst den Spielern das Wettbewerbsdenken 'nahe legt' oder zu einseitigem Konkurrenzdenken 'verführt': Der Sinn des Schwimmens oder Ausdauerlaufes z.B. erfüllt sich schon im bloßen, durch die Sinne getragenen Tun; seine Leistung und mögliche Leistungsverbesserung kann man allein für sich feststellen und messen. Anders hingegen bei Sportspielen: Zwar lässt sich beim *„Volleyball“* oder *„Badminton“* der Wettbewerbsgedanke 'entschärfen' durch Formulierung einer kooperativen Aufgabe („Beide Parteien spielen miteinander und versuchen, so oft wie möglich, den Ball übers Netz zu spielen!“), aber *„Fuß-“* oder *„Basketball“* geben erst – und eben nur dann – Sinn, wenn man sie als Wettspiel, als Spiel *gegeneinander* durchführt. Die eigene Leistungsstärke kann hierbei einzig durch den Erfolg über die Gegenpartei ermittelt werden.

---

14 POLZIN, M. (Hrsg.): Bewegung, Spiel und Sport in der Grundschule. Frankfurt a. M. 1992, S. 23.

15 DÖBLER, E. und H.: Kleine Spiele. Berlin 1992, S. 39.

Aus pädagogischer Sicht ist es **notwendig**, das allenthalben vermittelte **wettkampf- und erfolgsorientierte Spielverständnis zu relativieren**, weil Erfahrungen zeigen, dass bei starrem Festhalten an den regelgerechten Formen der Sportspiele und bei zu großem Leistungsdruck insbesondere leistungsschwächere Spieler vermehrt Misserfolge und Versagensängste erleben und sie außerdem von ihren Mitspielern entweder oft nicht ins Spiel einbezogen oder als Spielpartner von vornherein abgelehnt werden.

Stehen die Leistung und das Siegen-Wollen im Mittelpunkt des Spiels, büßt es darüber hinaus einen weiteren wesentlichen Aspekt seiner Sinnhaftigkeit ein – nämlich den, die eigenen Leistungsgrenzen auf spielerisch-erprobende Weise ausloten zu können. Wer Spiel mit folgenloser, 'unnützer Spielerei' gleichsetzt, übersieht die Bedeutsamkeit des Spielens für die kindliche Entwicklung sowie die Ernsthaftigkeit und Anstrengungsbereitschaft, mit der Kinder im Spiel agieren. Und er übersieht auch, dass es zum doppelgesichtigen Wesen des Spiels gehört, dass es eben nicht zu ernst genommen werden darf, weil es sich sonst selbst zerstören würde.

Ballspiele – mehr als nur Gelegenheit zum Wettkämpfen und Siegen

Aus diesem Grund sollte Unterricht ein prägnantes Gegenbild anderer Erfahrungs- und Sinnmöglichkeiten von (Sport-) Spielen in den Mittelpunkt rücken:

- Das Erleben von Gegenwärtigkeit durch Empfindungen spontan-lustvollen Daseins.
- Das Erlebnis ganzheitlichen Handelns (durch Einheit von Bewegung, Denken und Fühlen).
- Die Erfahrung eines entspannenden Miteinanders durch freudvolle, gemeinsame körperliche Betätigung.
- Die Möglichkeit, Bestätigung zu erfahren und Selbstbewusstsein aufzubauen, hat grundsätzlich Vorrang vor dem Spielausgang – zugespitzt: „Erlebnis vor Ergebnis“.
- Spielen, um das Spielen zu lernen (Was viele Kinder oft schon im Laufe der Grundschulzeit weitgehend verlernen und viele Erwachsene kaum mehr oder gar nicht mehr können!).

Kleine Ballspiele – eine Chance zum Miteinander

Ihre geringe Regelfestlegung macht Kleine Ballspiele darüber hinaus für soziale Lernprozesse geeignet, ohne dass ihnen dabei fachfremde oder übergeordnete Zielsetzungen übergestülpt würden. Denn oftmals wird es notwendig, zusätzliche Regeln zur präziseren Spielgestaltung aufzustellen oder Regeln zu verändern, wenn sie den Bedürfnissen oder Voraussetzungen der Spieler nicht (mehr) entsprechen und somit eine befriedigende Teilnahme am Spielgeschehen nicht länger gegeben ist (vgl. Kap. 3).

Motorisches und Soziales vereinen

Greifen Unterrichtende diese Lerngelegenheit auf und begreifen sie nicht als unvermeidliche Begleiterscheinung oder als bloße Voraussetzung für gelungenes Spielen, hat es weit reichende Konsequenzen für das unterrichtliche Handeln: Werden sowohl Spielerlebnisse der Teilnehmer als auch Voraussetzungen und Bedingungen für eine befriedigende Spielteilnahme zum Thema, werden *motorische* und *soziale* Lernvorgänge gleichermaßen zum Gegenstand des Unterrichts! Spielunterricht in diesem Sinne erhält dadurch eine erweiterte Sinnperspektive: **Kleine Ballspiele** als **Medium der Erfahrung.**[16]

Im folgenden Kapitel werden drei Möglichkeiten dargestellt, solche Erfahrungsgelegenheiten bewusst zu gestalten, indem methodische 'Gleise' gelegt werden, auf denen sich die Lernenden in Richtung des Ziels „Spielfähigkeit" hin entwickeln können. (Die Vorüberlegungen des 2. Bandes stellen ausführlich weitere Formen dar, um Spielerfahrungen für das motorische und soziale Lernen fruchtbar zu machen.)

16 SCHERLER, a.a. O., S. 49.

3 „Spielfähigkeit" – Ziel aller Spielerziehung

3.1 Was bedeutet „Spielfähigkeit"?

Spielfähigkeit erwirbt man spielend!
Übergreifendes Ziel von Spielerziehung ist nach übereinstimmender Meinung innerhalb der neueren Fachdiskussion die Vermittlung von „Spielfähigkeit". Einigkeit besteht weiterhin darüber,

a) dass diese *„als komplexe Qualifikation anzusehen ist (...): Spielfähigkeit oder Spielen-können stellt sich ... als ein qualitativer Ausdruck für ein bestimmtes Maß an spezifischer* ***spielmotorischer Leistungsfähigkeit, kognitivem Vermögen*** *sowie* ***sozialer*** *und* ***emotional-affektiver Kompetenz*** *dar";*[17]

b) dass Spielfähigkeit in erster Linie über Spielerfahrungen erworben wird – mehr durch Versuch und Irrtum und weniger durch Belehrung, mehr intuitiv und weniger durch bewusstes Tun. Das Spiel ist der Lehrmeister – und nicht die Lehrperson mit ihren Verhaltensmaßregeln und Anweisungen.

Spezielle **und** ***allgemeine*** **Spielfähigkeit**
Inhaltliche Differenzen im Begriffsverständnis ergeben sich vor allem aus unterschiedlichen Zielvorstellungen der Spielerziehung.[18] Ich vertrete die Position, dass Spielfähigkeit – zunächst allgemein die Fähigkeit umschreibend, in Spielen situationsangemessen handeln zu können –, mehr umfasst als nur die Kenntnis der Spielidee und der -regeln, mehr als nur das technisch-motorische Können im Umgang mit dem Ball und mehr als die Aneignung grundlegender Spielerfahrungen (sich freilaufen, einen Gegenspieler decken, freie Mitspieler erkennen und anspielen, angreifende Gegenspieler stören, rasches Umschalten von Angriff und Abwehr oder umgekehrt usw.). Spielfähig

17 DIETRICH, K./DÜRRWÄCHTER, G./SCHALLER, H.-J.: Die Großen Spiele. Aachen 1994, S. 16 (Hervorhebung von SCHALLER).

18 Zur Verschiedenartigkeit von Sinnperspektiven in Bezug auf Sport- und Spielunterricht vgl.:
- BALZ, E.: Fachdidaktische Konzepte – oder: Woran soll sich der Schulsport orientieren? In: sportpädagogik 2/92, S. 13ff.
- CRUM, B.: Idealtypische Konzepte von Sportunterricht, a.a.O., S. 29ff.

zu sein, meint im umfassenderen Sinn: Die Teilnehmer arrangieren ihr Spiel und spielen es auf eine Weise, dass *alle* Beteiligten mit Freude, Zufriedenheit und Erfolg daran teilhaben können. Dazu müssen Spieler neben einer *speziellen Spielfähigkeit* auch eine **soziale Kompetenz** für eine *allgemeine Spielfähigkeit* erwerben. Sie werden dadurch in die Lage versetzt, bei einem Spiel nicht nur unter Anleitung Dritter (Lehrer, Spielleiter, Trainer, Schiedsrichter) mitmachen zu können, sondern auch *„ihr Spiel selbst hervorzubringen, es in Fluss zu halten und gegebenenfalls wiederherzustellen – eben es zu inszenieren"*.[19]

Eine solche soziale Kompetenz umfasst im Einzelnen Fähigkeiten, um das Spiel

- in Gang zu setzen:
  - sich einigen, was gespielt werden soll;
  - einen Spielraum abgrenzen, eventuell notwendige Geräte und Aufbauten organisieren;
  - Mannschaften einteilen, Spielrollen innerhalb des eigenen Teams festlegen;
  - Spielregeln vereinbaren (Wie viele Schritte mit Ball? Was zählt als Foul?).

- in Gang zu halten:
  - Absprachen treffen, um das Spiel situativ bedingten Veränderungen anzupassen (neue Spieleranzahl z.B.);
  - unterschiedliche Spielstärken (einzelner Spieler oder von Mannschaften) ausgleichen;
  - über unterschiedliche Regelauslegungen oder umstrittene Verhaltensweisen von Gegenspielern konstruktiv streiten.

- bewusst zu gestalten:
  - für freundschaftliche Spielatmosphäre, 'lockere Stimmung' sorgen innerhalb der eigenen Mannschaft – aber auch zwischen den Spielparteien (Fair Play!);
  - innerhalb des eigenen Teams taktische Pläne absprechen;
  - das Spielverhalten der eigenen Mannschaft reflektieren und verbessern.

19 DIETRICH (1985), a.a.O., S. 12.

Wie wichtig eine solche soziale Kompetenz für die Spielzufriedenheit aller Beteiligten ist, zeigt ein Alltagsbeispiel, in dem der Mangel an allgemeiner Spielfähigkeit augenscheinlich wird: Bei *„Volleyball"*-Freizeitgruppen ist oft zu beobachten, dass die Spieler starr am offiziellen Regelwerk des Wettkampfspiels festhalten, obwohl einige Teilnehmer gar nicht über die technischen Voraussetzungen für ein regelgerechtes Spiel verfügen und sie daher so überfordert sind, dass es bei einem Ballkontakt meist zur Spielunterbrechung kommt und ein befriedigender Spielfluss nur sporadisch entsteht. Folge: Alle sind unzufrieden, handeln aber nach dem Prinzip „Weiter so! Denn wir wollen ja *richtig* spielen!"

Das Erlernen sportlicher Mannschaftsspiele geschieht in sozialen Bezügen. Zu glauben, die soziale Seite des Spielenlernens als 'nebensächlich' betrachten oder gar außer Acht lassen zu können, würde den Entwicklungsbedürfnissen von Kindern nicht gerecht. Denn:

a) allgemein gilt, dass die Gruppe der gleichaltrigen Kinder das wichtigste soziale Experimentierfeld darstellt, in dem Werte, Regeln und Normen des sozialen Zusammenlebens handelnd erfahren und verinnerlicht werden;

b) aus Beobachtungen von Kindern in Freizeitsituationen geht hervor, dass sie für die Einigung auf das konkrete Spiel, die Mannschaftseinteilung, auf die Spielregeln sowie für das Schlichten von Konflikten während des Spiels oft ebenso viel Zeit benötigen wie für die sportliche Aktivität selbst![20]

Welche methodisch-pädagogischen Folgerungen sind aus den vorangegangenen Überlegungen für die Unterrichtsgestaltung zu ziehen?

3.1.1 Handlungsspielraum für Schüler bereitstellen

Kinder zum selbstständigen Miteinanderspielen zu befähigen, kann nur dort verwirklicht werden, wo die Lerngelegenheit zum selbständigen Handeln gegeben und diese Fähigkeit gefordert ist: Soziale Fähigkeiten wie *Selbstverantwortlichkeit* und *Mündigkeit* fallen Kindern nicht wie eine reife Frucht als Ernte einer 10-jährigen Schulzeit einfach in den Schoß: Sie können nur dort gedeihen, wo Wachstumsbedingungen dafür vorhanden sind. Dies fordert von den

---

20 KURZ, D.: Elemente des Schulsports. Schorndorf 1977, S. 129.

Lehrenden, den Unterrichtsablauf nicht vollständig bis ins Detail zu planen und zu strukturieren. Stattdessen sind den Lernenden offene Handlungsgelegenheiten (= **Spiel-Räume mit Spielraum**) zur sozialen Auseinandersetzung und selbstbestimmten Gestaltung zu überlassen, in denen sie neue Verhaltensformen in eigener Initiative und Regie erproben und erweitern können. Offenheit bedeutet daher in erster Linie keine *Offenheit* der inhaltlichen Angebote, etwa im Sinne von beliebiger Austauschbarkeit, sondern Kindern die Möglichkeit zu geben, *problemorientiert* zu lernen. Das heißt, sie sollen lernen, für Fragen und Schwierigkeiten, die sich aus ihrer Spielpraxis ergeben, so weit wie möglich Lösungen aus eigener Kraft zu finden. Dies berechtigt zu der Hoffnung, dass sie auch später ähnliche Situationen, in denen ihnen kein 'Anleiter' mehr zur Seite steht, meistern werden können.

Das Bestreben, Spielfähigkeit auf ein breit angelegtes Fundament zu stellen, könnte dazu verleiten, vielfältige Anforderungen und abwechslungsreiche Lernmöglichkeiten vor allem dadurch schaffen zu wollen, indem man häufig und in zeitlich schneller Abfolge neue Spielideen einführt. **„Handlungsspielräume eröffnen"** (s.o.), beinhaltet aber **auch** eine **zeitliche** Dimension. Es bedeutet, dass Lernende sich über einen längeren Zeitraum hinweg an ein und derselben Spielidee 'abarbeiten' können – zumindest so lange, wie sie darauf noch 'spielhungrig' sind. Erst dadurch können sie Handlungsalternativen entdecken, Feinheiten entwickeln (z.B. Finten), Spielsituationen taktisch einfallsreich und mit 'Spielwitz' gestalten – und das erlernte Spiel 'auskosten'. Anhand der immer gleichen Spielidee können die Spieler darüber hinaus – gleichsam in einem Spiegel – ablesen, ob und wie sich ihr Spielverhaltens weiterentwickelt hat („Vergleicht euer Spiel heute und vor drei Wochen: Was hat sich verändert?").

Wenn man neue Spielreize setzen möchte, sollte dies demzufolge nach Möglichkeit eher durch *Variieren* der Grundidee des jeweiligen Spiels geschehen und weniger durch das schnelle und häufige 'Auswechseln' von gänzlich unterschiedlichen Spielideen.

3.1.2 So viel Selbstregelung wie möglich

Selbständigkeit schließt Selbstbestimmung ein. Daher sollte den Lernenden so oft und so weit wie möglich die Verantwortung für das Inszenieren, d.h. für das Festlegen und Ändern von Regeln sowie für das Befrieden von Konflikten in die Hand gegeben werden. Selbstverständlich sollten Lehrende sich zur Lösung möglicher Spielprobleme vorher Regel- und Veränderungsmöglichkeiten überlegen, um sie gegebenenfalls in der konkreten Spielsituation als vorgreifende Problemlösung einbringen zu können (vgl. Band 2 *„Spiele 'sozial' regeln ...“*). Und ebenso selbstverständlich ist,

a) dass Lehrende in vielen Situationen allein verantwortlich Entscheidungen treffen müssen – z.B. dann, wenn die seelische und körperliche Unversehrtheit von Kindern gefährdet ist oder Einzelne außer Rand und Band geraten;

b) dass Spieler mit dieser Aufgabe nicht überfordert werden dürfen und Lehrende daher für die jeweilige Lerngruppe die Frage genau zu klären haben: Wie viel 'Geländer' benötigt meine Gruppe für einen sicheren Lernweg, d.h. wie viel (Regel-) Vorgaben und Hilfen sind angesichts der vorhandenen Fähigkeiten unbedingt notwendig, um die Kinder nicht zu überfordern und das Erreichen des (Lern-) Ziels wahrscheinlich zu machen?[21]

Innerhalb dieser Selbstverständlichkeitsgrenzen aber sind aus meiner Sicht solche Lösungsformen für Spielprobleme pädagogisch 'wertvoller', die von den Spielern selbst gefunden oder mit ihnen gemeinsam entwickelt wurden (vgl. nächstes Kap. *„Spielfähig werden ...“*).

Aus diesen didaktischen Vorüberlegungen lässt sich für die methodische Vermittlung von Spielen das folgende idealtypische Modell herleiten:[22]

Spielidee vorgeben

↓

Spiel arrangieren
(Fragen zu Regeln und Organisation klären)

↓

Spielen
(Erfahrungen sammeln und beobachten)

↓

Auswerten
(Probleme und Konflikte benennen; entscheiden, ob und welche Veränderungen notwendig sind bzw. gewünscht werden)

---

21 Dieses Gerüst wird bei Achtjährigen sicherlich ein anderes Aussehen haben müssen als bei Zwölfjährigen beispielsweise; und es wird auch ein anderes sein bei einem einfachen *„Jägerball“*-Spiel – *einfach* im Sinne von motorischen und sozialen Handlungsanforderungen – im Gegensatz zu einem handballähnlichen Spiel.

22 Das Modell ist angelehnt an GROTH, K./KUHLMANN, D.: Integrative Sportspielvermittlung in Theorie und Praxis. In: sportunterricht 10/89, S. 392.

Dieses Vorgehen ist ausdrücklich als *Modell* zu verstehen und nicht als Norm für die zeitlich-inhaltliche Planung einer Unterrichtsstunde. Je nach Situation können, sollen und müssen jederzeit sinnvolle Schwerpunkte auf einen der Schritte gelegt werden.

3.2 Spielfähig werden – Unterrichtsbeispiele

3.2.1 Lösungen für (Spiel-) Probleme gemeinsam suchen und vereinbaren

Das Übertragen von Verantwortung ...

Regeln eröffnen und begrenzen Spielräume – in der Hand der Spieler liegt es, wie sie genutzt werden. Die Bereitschaft, Spielprobleme aus eigener Kraft zu lösen und persönliche Verantwortung für das Gelingen des Spiels zu übernehmen, wird sich umso eher entwickeln, je bewusster Spieler den Sinn und Charakter von Spielregeln verstehen (= *reflexives Regelverständnis*) und eine moralische Spielhaltung erwerben, die auf freiwilliger, innerer Einsicht denn auf erzwungener Konformität beruht. Dieses Verständnis wird z.B. dadurch angebahnt, dass Lehrende dem mehrheitlichen Wunsch von Schülern[23] entgegenkommen, Lösungen für Spielprobleme *gemeinsam* zu beraten und festzulegen: Absprachen erlangen größere Verbindlichkeit, die Spieler entwickeln mehr Bereitschaft, sich an Regeln zu halten – als wenn diese allein, fremdbestimmt, vom Spielleiter vorgegeben werden. Denn durch das Übertragen von Verantwortung bekommen die Teilnehmer das Gefühl, dass es wirklich um *ihr* Spiel geht, das für sie Sinn macht und sie im Hier-und-Jetzt aufgehen lässt. Gleichzeitig wird durch die Gelegenheit, das Spielgeschehen mit beeinflussen, es mit steuern und kontrollieren zu können, die Überzeugung von *Selbstwirksamkeit* gestärkt ('Ich kann etwas verursachen/bewegen in meiner Umwelt!'), die für die psychische Entwicklung des Kindes eine herausragende Rolle spielt.

Vielfach ist es sogar möglich, Kindern das Absprechen von Regeln ganz und gar selbst zu überlassen: Dies wird immer da der Fall sein, wo die Spielsituation durch eine tragende Spielidee in dem Maße vorstrukturiert ist, sodass nur minimale Konflikte wahrscheinlich sind (Beispiel: *„Burgball"* – vgl. S. 76).

---

23 Vgl. KÄHLER, R.: Erziehung zur Fairness im Sportunterricht, Teil II. In: sportunterricht 9/91, S. 135.

... führt zur Regelbefolgung aus Einsicht
Indem Lernende erleben, wie Regeln aus der eigenen Spielpraxis heraus erwachsen, erkennen sie, dass Regeln keine 'göttlichen', unantastbaren Gesetze, sondern von Menschen getroffene Vereinbarungen sind, die zum Ziel haben, Spieler vor Verletzungen zu schützen, für Chancengleichheit zwischen den Parteien und den Spielern zu sorgen und die Spannung des Spiels aufrechtzuerhalten. Je höher das Bewusstsein dafür entwickelt ist, je weiter Spieler auf der Stufenleiter *„vom Regelwissen zum Regelgewissen"*[24] vorangeschritten sind, desto eher werden sie sich aus freiwilliger Einsicht auch in Wettbewerbssituationen an Regeln halten. Und umgekehrt gilt, dass *„je stärker das Regelbefolgen unbewusst, d.h. über Befehle und Gehorsam, Strafandrohung usw. funktioniert, desto größer ist die Gefahr, dass bei Betonung des Gewinnmotivs Regeln verletzt werden".*[25]

Ausgangspunkt für Veränderungen von Spielen und die Einführung neuer Regeln sind zuallererst immer **erfahrene Mängel und 'Krisen' der Spielpraxis**, die Unzufriedenheit und Beeinträchtigung der Spielfreude nach sich ziehen. Lösungen und Absprachen zielen auf eine Verbesserung der als unbefriedigend erlebten Spielwirklichkeit (vgl. dazu auch die Vorüberlegungen in Band 2!).

Wenn neue Lösungen gefordert sind, sollten sie möglichst mit den Spielern gemeinsam beraten und vereinbart werden: Je mehr Verantwortung ihnen für das Spielgelingen übergeben wird, umso eher werden sie bereit sein, sich an die Absprachen zu halten und sie auch aktiv gegenüber „Störenfrieden" und „Schummlern" einzufordern.

- Wie fandet ihr die Spielidee an sich: gut – mittel – schlecht? Soll das Spiel nächste Stunde noch einmal gespielt werden? Genauso – oder anders?
- Viele sind unzufrieden: Wie soll das Problem ... gelöst werden, damit es beim nächsten Mal besser klappt?
- Johanna wird vor dem Korb nie angespielt – wahrscheinlich, weil sie die Kleinste ist von euch. Welche Lösung seht ihr?

---

24 GRESSMANN, R.: Fair Play – eine wichtige Erziehungsaufgabe und ihre Umsetzung im Sportunterricht. In: GERHARDT, V./LÄMMER, M.: Fairness und Fair play. Sankt Augustin 1993, S. 152.

25 RAHE, B.: Fair Play in Schule und Erziehung 1987. In: DEUTSCHE OLYMPISCHE GESELLSCHAFT (Hrsg.): Materialien zur Fairnesserziehung in der Schule. Frankfurt a. M. 1992, S. 17.

- Paul beschwert sich, dass Christian immer nur ihn deckt – was die Spielregeln ja nicht verbieten. Aber Paul hat nun kaum noch eine Chance, den Ball zu bekommen.
- Wieso lief das Spiel in der Mannschaft XY so gut? Was haben die anders bzw. besser gemacht als die anderen Teams?
- In der Mannschaft XY gab es viel Sand im Getriebe: Stellt euch vor, ihr wärt der Trainer dieses Teams: Was würdet ihr dann empfehlen? Welche Tips würdet ihr geben, um ihr Spiel zu verbessern?
  Wenn ihr Trainer wärt, welchen Ratschlag würdet ihr Peter geben, um ... (mehr angespielt zu werden z.B.)?

3.2.2 Mannschaftssprecher als Hilfe zur Konfliktregelung

Einer der wichtigsten und zugleich brisantesten Aspekte von Spielen ist der der Regelkontrolle und Konfliktlösung bei Regelstreitigkeiten. Wird die Einhaltung der Spielregeln grundsätzlich von einem neutralen Dritten, dem Schiedsrichter, überwacht, entlastet das die Spieler von der Eigenverantwortung für den regelgerechten Spielablauf. Übernehmen Lehrende die Schiedsrichterrolle – oder wird diese Spielern übertragen –, wird die Neigung gefördert, Regeln zu unterlaufen, wenn die Gelegenheit 'günstig' ist. Es besteht die Gefahr, *„dass die Schüler dabei nur lernen, dass alles erlaubt ist, was der Schiedsrichter nicht pfeift bzw. nicht sieht"*.[26] Kinder lernen auf diese Weise zwar regelkonformes Verhalten, aber die Motivation dazu wird allein bzw. überwiegend auf der Furcht vor Sanktionen aufgebaut. Selbständiges, eigenverantwortliches Handeln kann im Schatten von Spielleiterdominanz bzw. 'Schiedsrichterherrschaft' nur kümmerlich gedeihen.

Um den Lernenden bewusst zu machen, dass ein Spiel nur solange Bestand hat, wie seine Spieler dessen Regeln als verbindlich anerkennen und dass sie somit selbst für das Spielgelingen verantwortlich sind, sollte ihnen die Aufgabe des Schiedsrichtens so früh wie möglich übertragen werden: *„Ziel sollte es sein, den äußeren Schiedsrichter in uns selbst hinein zu verlagern."*[27]

---

26 SIEGLING, U.: Von der Last mit der Fairness-Erziehung im Sportunterricht. In: Lehrhilfen für den sportunterricht 8/92, S. 126.
Typisch für die Übertragung der Verantwortlichkeit auf den Schiedsrichter ist die absurde, aber verbreitete Schuldzuweisung: „Dass das Spiel so brutal ausgeartet ist, lag nur am Schiedsrichter. Er hätte von Anfang an härter durchgreifen müssen!"

27 LUTHER, D./HOTZ, A.: Fairness im Sport – Lernen fürs Leben? In: Leibesübungen – Leibeserziehung 5/94, S. 8.

Regeln zur Einführung von Regeln
Bejaht man dieses Vorgehen, sind einige wichtige Voraussetzungen bei der Einführung von Spielregeln zu beachten:

1. Die **Regeln** müssen zuvor klipp und klar bekannt gegeben bzw. geklärt worden sein, sodass ***allen*** **Beteiligten bewusst** ist, welche Regeln gelten und was nach den Regeln als erlaubt oder als verboten gilt: Regelkenntnis ist eine Voraussetzung für Regelbeachtung.
2. Um die Spieler bei der selbständigen Regelkontrolle nicht zu überfordern, dürfen **nicht zu viele Regeln** eingegeben werden (Die Anzahl wird sich natürlich auch nach dem Alter der Spieler zu richten haben.). Als Faustregel kann gelten: Es sollten zunächst nur so viele eingeführt werden, um die Spielidee zum Leben zu erwecken und einen Spielfluss entstehen zu lassen; denn Kinder benötigen keine perfekten, jeden Einzelfall bedenkende Regelungen.
3. Die **Regeln** müssen aus der Sicht der Spieler **sinnvoll** sein. Verstoßen Regeln gegen ihr Spielverständnis, werden sie als „blöd", d.h. als unsinnig empfunden. Häufig werden Regeln dann umgangen oder einfach 'vergessen'. (Für Anfänger im *„Hockeyspiel"* ist die Regel der einseitigen Schlägerbenutzung z.B. weder gedanklich noch motorisch nachvollziehbar.) Bei Widerständen von Spielern sind Regeln deshalb besonders ausführlich zu begründen, unsinnige oder nicht akzeptierte Regelvorgaben sind nach gemeinsamer Absprache mit ihnen zu ändern.

Selbständiges Lösen von Konflikten in drei Schritten ...
Im Folgenden wird ein Drei-Schritt-Verfahren zur selbständigen Konfliktlösung dargestellt, das den Spielern zunächst erläutert wird und das sie im Fall eines tatsächlichen Streits wie ein 'Programm' nacheinander 'abarbeiten' sollen. Es basiert auf der Beobachtung, dass Kinder in der Regel ein feines Gespür und waches Bewusstsein für Regelverletzungen haben und tatsächliche oder vermutete Übertretungen schnell bei den Mitspielern anklagen – bei Vorwürfen anderer aber eher geneigt sind, sich selbst von jeder 'Schuld' freisprechen zu wollen.

1. Selbstanzeige eines Fouls
Die erste Aufforderung an jeden Spieler besteht darin, eine Regelübertretung oder ein Foul von sich aus anzuzeigen. Diese – vom Basketballspiel übernommene – Idee der Selbstanzeige einer Regelverletzung erscheint mir als die anzustrebende Idealform.[28] Sie geht von zwei Annahmen aus:

1. Jeder Spieler *will* spielen und ist daher zur Einhaltung der Regeln motiviert.
2. Je älter Kinder werden, desto mehr sind sie sich ihrer persönlichen Verantwortung für das Spielgelingen bewusst und spüren meist selbst, wann sie eine Regel verletzt haben.

Diese Annahmen sollte man den Kindern auch *bewusst* beim Einführen des ersten Schritts des 'Konflikt-Lösungsprogramms' mitteilen, weil dadurch ihr Selbstvertrauen und ihr Verantwortungsbewusstsein gestärkt werden: „Jeder von euch merkt es zumeist selbst, wenn er ein Foul begangen oder geschummelt hat – ob aus Versehen oder mit Absicht. Ein ehrlicher Spieler kann dies zugeben!"

2. Nach Möglichkeit: sich untereinander einigen
Wenn ein Spieler der Auffassung ist, dass von einem Gegenspieler eine Regel verletzt und von diesem jedoch nicht angezeigt wurde, so ruft er „Foul!" Für die Betroffenen gilt die Aufforderung: „Versucht, euch zunächst allein zu einigen."

3. „Mannschaftssprecher" als 'Krisenmanager' ...
Beide Lösungshilfen geben Kindern brauchbare Hilfen an die Hand –, erweisen sich insgesamt jedoch noch nicht als tragfähig genug, um ihre Konflikte selbständig in den Griff zu bekommen. Möchte man als Spielleiter nicht wie ein 'Krisenmanager' ständig zwischen mehreren Spielgruppen hin- und her jagen, hat sich als strukturierende Hilfe zur selbständigen Lösung von Regelkonflikten bewährt, die Rolle eines „Mannschaftssprechers" einzuführen. Der Mannschaftssprecher ist gleichzeitig Mitspieler und wird je nach situativer Einschätzung der Lehrperson entweder von ihr benannt oder – besser: – von der Gruppe gewählt („Bestimmt einen vertrauenswürdigen Mitspieler, der gerecht urteilen und auch in Streitsituationen ruhig bleiben kann!").
... und seine Aufgaben:

---

[28] Dass diese Vorstellung der Selbstkontrolle keine idealistische 'Spinnerei' ist, zeigt z.B. eine empirische Studie, die nachweist, dass Kinder zur selbständigen Regelung ihrer Spiele fähig sind. Vgl. KÄHLER, R.: Untersuchungen zur Regelpraxis und zum Regelbewusstsein von Kindern und Jugendlichen im Schul- und Freizeitsport. Diss. Osnabrück 1985, S. 237ff.

Zuvor müssen den Spielern die Aufgaben des Mannschaftssprechers verdeutlicht werden:

a) *Wichtigste Funktion: Schiedsrichten*
Gibt es Unstimmigkeiten über Regelauslegungen und können sich die beteiligten Spieler nicht einigen, kommen die Mannschaftssprecher beider Teams zusammen und suchen gemeinsam nach einer zufrieden stellenden Lösung. Dabei steht es ihnen auch frei, den Spielleiter als *Ratgeber* für eine Lösungsfindung herbeizuziehen – nicht jedoch als letzte 'Oberschiedsrichter'-Entscheidungsinstanz: Wenn Lehrende in diese Rolle schlüpften, würde dadurch die Autorität der Mannschaftssprecher empfindlich geschwächt, weil die Spieler im Konfliktfall nicht gezwungen wären, sich aus eigener Kraft zu einer Lösung 'durchzubeißen', um das Spiel fortsetzen zu können. Finden die beiden Mannschaftssprecher keine Einigung, ist das Spiel dieser Spielgruppen zu Ende!

Wenn die Idee des Mannschaftssprechers an der Spielrealität zerschellt ...

Die Erfahrung des nicht gelungenen Spiels ist m.E. für Kinder unumgänglich, um Grenzen erleben zu können: die eigenen, die der Mitspieler und die eines Spiels. Dieses 'Grenzerlebnis' ist eine notwendige Voraussetzung für den Erwerb von Spielfähigkeit – nicht für alle Lernenden, aber doch zumindest für einen Großteil. Für Lehrende gilt es, solch einen Spielabbruch 'aushalten' zu können und sich nicht sofort in die Rolle des 'Für-alles-und-jeden-Verantwortlichen' drängen zu lassen, die unter allen Umständen in jeder Stunde für ein „effizientes Lernen" sowie einen versöhnlichen, harmonischen Spielausgang zu sorgen haben: *„Wenn es ... zu Konflikten kommt, sollte der Lehrer diese „Unvereinbarkeiten" nicht vorschnell beiseite räumen. Das schmerzhafte Erleben und Aushalten von Konflikten sowie die Schwierigkeit bis zur Bewältigung eines Konflikts müssen die Schüler in zunehmender Komplexität und mit abnehmender Unterstützung durch den Lehrer selbst erfahren und zu lösen lernen."*[29] Lehrende sollten sich außerdem vor Augen führen, dass Kinder auch in freien Spielsituationen oft genug ein Spiel abbrechen, weil sie für einen Konflikt keine Lösung finden können. In Schule und Verein besteht der Vorteil, dass die Unterrichtenden eine solche Situation noch einmal aufgreifen und mit den Betroffenen gemeinsam nach anderen Lösungswegen suchen können.

b) *Gesprächsinitiator und -moderator*
Bei Unzufriedenheit und Missstimmungen innerhalb des Teams („Mit dem spiel' ich nicht mehr, der meckert mich nur an!") oder zwischen den Gruppen („Die anderen sind zu stark, das ist ungerecht!") sollen die Mannschaftssprecher sich über eine Spielunterbrechung verständigen und ein klärendes Gespräch zwischen den Beteiligten initiieren und es in konstruktive Bahnen lenken.

c) *Verantwortlicher Organisator zum In-Gang-Setzen des Spiels*
Zu dieser Aufgabe gehört u.a.:
- die Mannschaftsmitglieder zusammenzurufen,
- eventuell bei der Festlegung von Spielrollen zu helfen, wenn einzelne Gruppenmitglieder sich nicht einigen können („Wer darf zuerst Torwart sein?"),
- sich um den Aufbau des Spielfeldes zu kümmern,
- gegebenenfalls für eine Markierung der eigenen Mannschaft durch Parteibänder zu sorgen,
- das Spiel zu beginnen (Anpfiff, Einwerfen des Balls, ...).

Mit den drei Aufgaben des Mannschaftssprechers müssen die Spieler Schritt für Schritt vertraut gemacht werden, wobei die Anforderungen hinsichtlich der Altersstufe zu differenzieren sind.

Die Beteiligung aller Spieler an der Regeleinhaltung sowie die Doppelbesetzung der Schiedsrichterrolle durch zwei gegnerische Spieler eröffnet positive Lernchancen, ohne die *möglichen* negativen Folgen in Kauf nehmen zu müssen, die oft mit der Benennung eines neutralen Schiedsrichters verbunden sind (vgl. S. 33 und 39):

---

[29] BALZ, E.: Methoden zur Förderung sozialen Lernens. In: sportunterricht 4/89, S. 141.
Das Gefühl der Verantwortlichkeit für das Ganze baut eine 'Brücke' über die 'Parteigräben' und stärkt nach meiner Erfahrung die Fähigkeit der Schüler zu unparteiischen Entscheidungen, sodass es in meiner bisherigen Praxis nur selten zu einem Spielabbruch kam! Passierte es dennoch und erbrachte auch eine Beratung von meiner Seite – als allerletzter 'pädagogischer Rettungsversuch' – keine Lösung, war für beide Gruppen die Spielzeit beendet und sie schauten den anderen bis zum Stundenende von der Bank aus zu. Aber grundsätzlich ist spielen interessanter als streiten – und so bekommen Schüler meist auch in heiklen Situationen noch die 'Kurve'. Da, wo es ihnen nicht gleich auf Anhieb gelingt, können wir gelassen bleiben und darauf vertrauen: Jeder braucht von Zeit zu Zeit einen heilsamen Dämpfer ...

- Einerseits erleben Lernende aus der Innenansicht – sozusagen als 'Amtsinhaber' – die Schwierigkeiten der Spielleitung sowie die Situationen, eine „gerechte Lösung" zu finden, die alle Beteiligten zufrieden stellt.

- Andererseits erhöht der im Hintergrund drohende Spielabbruch (für den Fall einer Nichteinigung) die Bereitschaft der übrigen Spieler zur Akzeptanz ihrer schiedsrichtenden Mitspieler. Sie lernen die Autorität des Schiedsrichters auf leicht einsehbare Art nicht nur zu akzeptieren (Schließlich will man ja beim nächsten Mal von den anderen selbst akzeptiert werden!), sondern auch dessen spielerhaltene Funktion wertzuschätzen – nämlich dann, wenn sie seine Hilfe in Anspruch nehmen müssen, weil sie einen Streit aus eigener Kraft nicht lösen konnten.

Aus diesen Gründen sollte das 'Amt' des Mannschaftssprechers nach Möglichkeit in jeder Spielstunde bzw. nach einiger Zeit wechseln. Das „Prinzip der wechselnden Autorität" verhindert darüber hinaus das eventuelle Entstehen von Machtpositionen.

Mannschaftssprecher oft hilfreich – aber kein Patentrezept!
Um möglichen Einwänden zuvorzukommen, möchte ich einfügen, dass das vorgeschlagene Verfahren immer **nur nach genauer Einschätzung der Gruppensituation** zu handhaben ist: Manche Gruppen oder einzelne Kinder sind mit dieser Anforderung zur eigenständigen Regelkontrolle überfordert. Dies ist beispielsweise dann der Fall, wenn innerhalb des sozialen Beziehungsgefüges der Lerngruppe starke Spannungen vorhanden sind, sodass bei der kleinsten Meinungsverschiedenheit heftige Streitigkeiten ausbrechen. In diesem Fall sollte zunächst der Spielleiter die Schiedsrichterfunktion übernehmen, um den Lernenden erst einmal – als positive Erlebnisgrundlage – die Erfahrung eines (weitgehend) gelungenen Spiels zu vermitteln, die ihnen die rosige Möglichkeit eines befriedigenden Spiels vor Augen führt.

Auch lassen es Disziplinschwierigkeiten manchmal als unumgänglich erscheinen, kurzfristig mit Hilfe eines durchsetzungsfähigen Schiedsrichters für einen geordneten Unterrichtsablauf zu sorgen. *„Dennoch ist diese Lösung lerntheoretisch langfristig unwirksam, solange die Ursachen der Disziplinprobleme ungelöst bleiben."*[30]

Und wenn Lernende einmal ausdrücklich und einmütig darauf bestehen, dass der Spielleiter die Schiedsrichterfunktion übernimmt („Wir streiten uns garantiert wieder!"), dann sollte diesem Wunsch in der Regel auch entsprochen werden.

Auch eine Möglichkeit: Lernende als Schiedsrichter
Eine weitere Gelegenheit, die Verantwortung für die Regeleinhaltung den Lernenden zu übertragen, besteht darin, Spieler als feste, neutrale Schiedsrichter, die nicht am Spiel teilnehmen, einzusetzen. In diesem Fall muss allerdings sichergestellt sein, dass sie die wichtigsten Regeln einigermaßen sicher beherrschen und von den Spielern in ihrer Persönlichkeit akzeptiert werden; denn durch ihre hervorgehobene Rolle können sie unter Umständen erheblichen psychischen Belastungen ausgesetzt sein. Außerdem ist zu beachten, dass oftmals regelunsichere und entscheidungsschwache Schiedsrichter häufiger Konflikte zwischen den Spielparteien hervorrufen, als wenn diese die Regeln eigenverantwortlich (in der oben dargestellten Weise) überwachen.[31]

Der *Vorteil* fester Spieler-Schiedsrichter ist darin zu sehen, dass Kinder diese Rolle selbständig ausüben (lernen), ihre Schwierigkeiten und hohen Anforderungen am eigenen Leib erfahren können; größter *Nachteil* ist, dass durch das Einführen einer abgegrenzten Schiedsrichterrolle das Problem der Verantwortungsübertragung an einen Dritten auftritt und Spieler möglicherweise die Einstellung entwickeln, dass man alles tun kann, solange der Schiedsrichter einen nicht „erwischt".

Fazit: Zwischen dem Für und Wider selbständiger Konfliktlösung durch Mannschaftssprecher oder Spieler-Schiedsrichter sowie der Regelüberwachung durch den erwachsenen Spielleiter selbst werden Lehrende daher situationsbedingt immer wieder neu entscheiden müssen.

3.2.3 Einteilen von Spielmannschaften

Zwar verbreitet – dennoch nicht das Gelbe vom Ei: „Tipp-Topp"
Eine weitere, bedeutsame 'Gelenkstelle' von Spielen ist das Wählen bzw. Zusammenstellen von Mannschaften. In der gut gemeinten Absicht, Lernende zum selbständigen und verantwortlichen Handeln zu befähigen, lassen viele Spielleiter von jeweils zwei Spielern Mannschaften nach dem „Tipp-Topp"-Verfahren bilden (Dabei ordnen die beiden Einteiler abwechselnd Spieler für

30 KÄHLER, R.: Erziehung zur Fairness im Sportunterricht, Teil III. In: sportunterricht, 10/91, S. 155.

31 Zum Einsatz von Schülern als Schiedsrichter vgl. KÄHLER, R.: Erziehung zur Fairness im Sportunterricht, Teil III: Der Schiedsrichter – das praktische Beispiel, Fairness konkret zu vermitteln. In: Lehrhilfen für den sportunterricht 10/91, S. 153-160.

ihre Spielgruppe zu.). Auch wenn die Aufgabe des Wählens von Stunde zu Stunde wechselt, ist es ein unbrauchbares Mittel zur Bildung von Mannschaften, da es die leistungsschwächeren Spieler, die stets als Letzte übrig bleiben und verteilt werden, immer wieder in beschämender Weise vor der Gruppe bloßstellt und abwertet (Typische Aussage: „Und die beiden kriegt ihr noch dazu!" – unausgesprochener Bedeutungsgehalt: 'Die taugen sowieso nicht viel!').[32] Einer Kompetenzerweiterung durch selbständiges Einteilen gerechter Mannschaften steht bei diesem Verfahren eine seelische Abwertung der immer gleichen Kinder gegenüber –: pädagogisch nicht verantwortbar!

Anstatt (Spiel-) Handlungsfähigkeit auf diese Weise vermitteln zu wollen, sollten Lehrende dann lieber selbst die Gruppen einteilen, oder aber sie nach anderen Verfahren zusammenstellen lassen. **Zwei** grundsätzliche **Verfahrensweisen zur Mannschaftsbildung** stehen hierbei zur Verfügung: **Zufallsverfahren** und **einteilende Verfahren**.

Beispiele für Zufallsverfahren

- Abzählen („1 – 2 – 1 – ..."): Gleiche Nummern bilden ein Team.
- Alle mit blauen/langärmeligen Hemden oder roten/langen Hosen sind ein Team.
- Alle von Januar bis Juni sowie von Juli bis Dezember Geborenen bilden eine Mannschaft.
- Alle, deren Geburtstag eine gerade/ungerade Endzahl hat, sind in einer Gruppe.
- Alle, deren Geburtstag zwischen dem 1.–14. und dem 15.–30./31. des Monats liegt, bilden eine Mannschaft.
- Verschiedenfarbige (Muggel-) Steinchen, Spiel- oder Nummernkarten ziehen lassen. Gleiche Farben oder Symbole bilden eine Mannschaft.

---

32 *„Nicht selten wird die unselige Prozedur mit einer abfälligen Bemerkung aus jener Gruppe abgeschlossen, welche das zuletzt übrig gebliebene Kind wählen 'muss'. „Was, jetzt haben wir noch den?" Wenn die Kinder 'gut gezogen' sind und die Autorität der Lehrperson fürchten, werfen sie einen heimlichen Blick zur Hallendecke, der etwa ausdrückt: „Lieber Gott, warum hast du uns das angetan?" Blicke können grausamer sein als Worte und Taten. Es ist für das Kind entwürdigend, in einem Wahlprozedere, das einem Sklavenmarkt ähnelt, zuletzt von der stillen oder offenen Verachtung jener empfangen zu werden, die es in ihrer Gruppe dulden müssen."* (KELLER, R.: Ballspielen lernen. Zürich 1991, S. 115.)

- „Daumenbiegen": Alle Teilnehmer stehen (eng) im Kreis, einen Arm vorgestreckt, der Daumen zeigt nach oben. Ein Spieler (= „Daumenbieger") schließt die Augen, tastet sich von Spieler zu Spieler und dreht jeweils die Hälfte aller Fäuste so, dass die Daumen in Richtung des Bodens weisen.
  - Sollen drei Mannschaften gebildet werden, zeigt bei einem Drittel der Spieler der Daumen zur Seite.
  - Werden vier Mannschaften benötigt, wird ein Viertel der Daumen an die Faust angelegt.

Die Gruppeneinteilung nach dem Zufallsprinzip geht schnell und erzeugt für einen kurzen Moment prickelnde Spannung („Mit wem werde ich zusammen sein?"). Sie birgt jedoch stets die Gefahr, dass ungleiche Zahlenverhältnisse und/oder – von der Spielstärke her – „ungerechte" Mannschaften zusammenkommen (die dann unter Umständen vom Lehrenden ausgeglichen werden müssen). Aus diesem Grund bieten sich eher **lenkende Verfahren** an:

- **Sich-Zuordnen:** Der Spielleiter bestimmt die Ersten jeder Mannschaft. Dann fragt er die übrigen Spieler – der Reihe nach oder in beliebiger Reihenfolge –, welchem Team sie sich selbst zuordnen möchten. Ist eine Mannschaft bis zur maximalen Spieleranzahl aufgefüllt, muss eine andere Wahl getroffen werden.

  Anmerkungen: Schwächere Spieler bleiben bei diesem Verfahren zwar nicht mehr als Letzte übrig, stattdessen bilden sich ab und zu jedoch unterschiedlich spielstarke Mannschaften, da – insbesondere jüngere – Kinder sich bei ihrer Zuordnung nicht an der Leitidee „Chancengleichheit" orientieren, sondern primär an Kriterien wie Beliebtheit (des Gruppenersten) und Freundschaft (zu Mitspielern). Als geeigneter Ausweg hat

---

32 Wer Lust und Gelegenheit hat, könnte seinen Kindern einmal folgende Fragen (am besten in Form eines Arbeitsblatts) vorlegen:
- „Wie geht es dir, wenn die Mannschaften gewählt werden?"
- „Wie wird sich wohl ein Spieler fühlen, der oft oder sogar immer als Letzter gewählt wird?"
- „Wie würde es dir ergehen?"

Die Antworten sind nach meiner Erfahrung beeindruckend und belegen sowohl die Aussagen von KELLER als auch die Sensibilität vieler Kinder für das 'Leiden' der Betroffenen. (Vgl. MÜLLER, B.: Mannschaften wählen – einmal anders. In: sportpädagogik 2/96, S. 37-38.)

sich der Hinweis erwiesen: „Sucht euch eine Mannschaft als Spielpartner, die ihr als ebenbürtig einschätzt. Stellt sich nach einer gewissen Spielzeit heraus, dass ein Team zu stark ist: tauscht Spieler aus!“)

- **Sich-Zuordnen mit Selbsteinschätzung:** Der Spielleiter benennt einen beliebigen Spieler als Ersten seiner Mannschaft. Danach ergeht die Frage an die übrige Gruppe: „Wer schätzt sich als gleich starken Spieler ein?“ Wer sich meldet, wird der erste Spieler der Gegenmannschaft. Erneut bestimmt der Spielleiter einen zweiten Spieler, dem sich wiederum nach Selbsteinschätzung ein Spieler als Pendant der Gegenpartei zuordnet ...

- **„Teamchef“ mit Losverfahren:**[33] Zu Beginn werden – entsprechend der Anzahl von Mannschaften, die gebildet werden sollen – „Teamchefs“ benannt. Diese wählen Mannschaften, ohne sich jedoch selbst einer zuzuordnen; denn erst zum Schluss wird durch Losen bestimmt, welcher Teamchef jeweils welcher Mannschaft zugeteilt wird! (Die Vorzüge gleich starker Mannschaften muss man bei diesem Verfahren keinem der Einteiler mehr erläutern!)

  Anmerkungen: Den „Teamchefs“ sollte, erstens, eine *Gruppenliste* zur Verfügung gestellt werden, mit deren Hilfe sie Überblick behalten, wer schon gewählt wurde und wer noch zu vergeben ist. Zweitens erhalten sie ein *Wandplakat*, auf dem sie die eingeteilten Spieler eintragen, sodass die Bekanntgabe des Wahlergebnisses am Ende optisch unterstützt wird. Während der Einteilung wird die übrige Gruppe mit einer Aufgabe beschäftigt (z.B. individuelle Erwärmung mit dem Ball).

- **Mannschaftseinteilung nach Befragung:** Ein gute Möglichkeit zur Mannschaftsbildung sind soziometrische Befragungen, die Lehrenden gute Anhaltspunkte für die Zusammenstellung der Teams liefern. Die Frage kann dabei ganz simpel sein: „Mit wem möchtest du in den nächsten Stunden am liebsten in einer Mannschaft spielen? Nenne zwei Mitspieler!“

  Je nach ihren Absichten und pädagogischen Gesichtspunkten stellt die Lehrkraft – oder aber Lernende nach einem der anderen beschriebenen Verfahren (!) – die Mannschaften so zusammen, dass jeder Spieler mit mindestens einem seiner 'Sympathisanten' zusammenspielt.

  Anmerkungen: Das Befragen der Spieler erhöht die Wahrscheinlichkeit, dass individuelle Wünsche bei der Mannschaftseinteilung stärker

33 KELLER, a.a.O., S. 117.

berücksichtigt werden und der Einzelne sich gut aufgehoben fühlen kann. Dies trägt zum Wohlbefinden bei, das eine wichtige Voraussetzung dafür ist, dass Spieler offen werden, sich mit den Mitspielern verständigen zu wollen und sie zu akzeptieren. Und wenn die 'Chemie' in einer Mannschaft stimmt, wird dadurch letztendlich auch ihre Spielfähigkeit erhöht.

- **Mannschaften einteilen – als Hausaufgabe:** Die Aufgabe zur Mannschaftsbildung wird einem oder zwei Spielern übertragen, die als Hausaufgabe (!) die Gruppenzusammenstellung in schriftlicher Form für die entsprechende Spielstunde vorbereiten sollen („Wer teilt vier gerechte Mannschaften fürs ...-Spiel in der nächsten Stunde ein?").

  Anmerkungen: Ungeachtet des (für Sportunterricht!) ungewohnten Arbeitsaufwandes reißen sich geradezu viele Schüler um diese Aufgabe und führen sie in der Regel auch äußerst durchdacht und gewissenhaft aus.

Bisweilen äußern Einzelne Kritik oder Unmut über die Mannschaftsbildung („Gemein, die anderen sind zu stark!") und wünschen eine sofortige Änderung. In der Regel weise ich dieses Ansinnen zurück und fordere sie stattdessen auf, sich auf die Einteilung einzulassen und sie auszuprobieren. Wenn sich dann eine der Spielparteien tatsächlich als zu stark erweist, lösen die Gruppen das Problem entweder selbständig – mit Hilfe ihrer Mannschaftssprecher – oder mit meiner Unterstützung.

Empörte oder verärgerte Äußerungen über „ungerechte Mannschaften" werden mit der Zeit merklich seltener und ruhiger vorgetragen, da über einen längeren Zeitraum die Schwierigkeit, die gestellte Aufgabe zur Zufriedenheit aller (!) zu lösen, für viele Kinder erleb- und nachvollziehbar wird. Ewig unzufriedene, lautstarke Nörgler sehen sich außerdem schnell mit der Aufforderung konfrontiert „Mach's doch selber besser!" und sind meist spätestens bei der Auswertung ihres eigenen Einteilungsvorschlages um die Erfahrung der wohltuenden Wirkung sachlich-angemessener Kritik reicher.

Aufgrund der enormen Zeitersparnis und der Möglichkeit für die Einteiler, die Mannschaften (zu Hause) ohne Beeinflussung durch andere und ohne Zeitdruck zusammenstellen zu können, favorisiere ich dieses Einteilverfahren.

- **... und wenn's mal schnell gehen soll oder muss:** Möchten Lehrende spontan ein Spiel mit gleich starken Mannschaften durchführen und ist die Zeit schon weit vorangeschritten, dann sollten sie selbst die Einteilung vornehmen – immer aber vom Wissen begleitet, dass es sich dabei nur um eine 'Notversorgung' handeln darf; denn selbständiges und eigenverantwortliches Handeln der Lernenden fördert man auf diese Weise nicht.

Was sich bewährt hat, bleibt eine Mannschaft!
Hat sich eine Einteilung von Spielgruppen als günstig erwiesen und ist bei allen Beteiligten auf positive Resonanz gestoßen, so sollte sie über einen längeren Zeitraum beibehalten werden. Auf diese Weise kann nicht nur Zeit gespart und Ärger vermieden werden; die Kinder erhalten auch Gelegenheit für eine bessere Verständigung untereinander und so ein tieferes Verständnis füreinander – ein „Wir-Gefühl“ kann sich dadurch leichter entwickeln.

Anmerkungen: Man sollte die Mannschaftseinteilung auf ein Wandplakat übertragen. Erstens wissen auch die 'Ewig-Vergesslichen' stets – vor allem am Anfang –, zu wem sie gehören. Zweitens wird die Identifizierung der Spieler mit ihrem Team dadurch verstärkt, dass sie den eigenen Namen schwarz auf weiß auf einer 'offiziellen' Liste wieder finden.

„E.T.“ zur Steigerung des Team-Geistes
Noch ein letzter Tip: Fordern Sie die Kinder auf, sich einen originellen, witzigen Namen für ihre Mannschaft zu geben oder verteilen Sie entsprechende Namen: „Die Mannschaft der E.T.s spielt gegen die Krümelmonster, die Mannschaft der hinkenden Springmäuse gegen die lahmen Kängurus!“ Diese einfache Maßnahme verstärkt die Identifizierung des Einzelnen mit seiner Mannschaft zusätzlich und unterstützt dadurch die Entwicklung eines „Team-Geistes“. Und sie erinnert daran: Wir spielen in erster Linie, um Spaß miteinander zu haben!

4 Zur methodischen Gestaltung von Lernsituationen für Kleine Ballspiele

4.1 Angemessenheit von Spiel und Alter – zur altersabhängigen Sichtweise des Spielobjekts Ball

Im Mittelpunkt von Ballspielen steht der Ball, dem jedoch von den Spielern unterschiedliche Bedeutungen beigemessen werden kann. Er kann gedeutet werden als

- **Besitz** („*Mein* Ball"),
- **Instrument** (Mit dem Ball soll etwas erreicht werden: es soll z.B. ein Kegel umgeworfen werden.),
- **Kommunikationsmedium** (Ball als Kontakt- und Verbindungsmöglichkeit mit anderen).[34]

Alle Bedeutungsebenen sind in einem Ballspiel stets gleichzeitig präsent. Je nach Spielabsicht dominiert aber jeweils *ein* Aspekt: So wird in einer Freizeitgruppe, deren Mitglieder miteinander Spaß und Geselligkeit erleben wollen, der Gesichtspunkt der *Kommunikation* im Verhältnis zu den beiden anderen in den Vordergrund rücken. Bei einer Bundesliga-Mannschaft hingegen wird mit Sicherheit die *Instrument*-Sichtweise dominieren – nämlich Tore schießen, um Meisterschaftspunkte zu gewinnen und die Siegprämie zu kassieren.

Diese unterschiedlichen Sichtweisen und 'Verwendungszwecke' hinsichtlich des Spielobjekts 'Ball' sind aber **auch altersabhängig** und bei der Auswahl der Spiele zu berücksichtigen:

- **Für jüngere Kinder gilt: jedem sein Ball!** Denn bei Kindern im Alter von 6–8 Jahren ist das Verständnis von *„Ball als Besitz"* vorrangig. Lehrende kennen die Situation (und raufen sich manches Mal die Haare darüber!), dass ein Spieler mit dem Ball wie verwachsen, ans Abspielen und seine

34 DIETRICH, J.: Grundausbildung für die Sportspiele. In: DIETRICH (1985), a.a.O., S. 3-43.

Mitspieler nicht im Geringsten zu denken scheint. Damit jüngere und ungeübte Spieler vielfältige Erfahrungen mit dem Ball sammeln und ihren 'Ball-Besitztrieb' ausleben können, sollten anfangs vor allem Spiele mit vielen Bällen eingeführt werden. Ein Beispiel für Spiele, die man unter die Überschrift „Ich und Ball" stellen könnte, ist z.B. *„Schwarzer Peter"* (vgl. S. 70).

Erst wenn dieses Verständnis in Bezug auf den Ball in ausreichender Weise erfahren und befriedigt werden konnte[35], werden Spieler in der Lage sein
a) in motorischer Hinsicht, den Ball zu kontrollieren und ihren Absichten entsprechend zu handhaben sowie
b) in psychischer Hinsicht, den Ball auch innerlich 'loslassen' zu können, wenn es die Situation bzw. das Spielziel erfordert.[36]

Etwa mit neun Jahren sind viele Kinder – längst aber noch nicht alle und manche natürlich auch schon früher (!) – zu einem mannschaftlichen „Wir und der Ball", d.h. zu einem wirklichen Zusammenspielen in der Lage, sodass ab diesem Zeitpunkt Spiele angeboten werden können, die eine Kooperation innerhalb der Mannschaft voraussetzen, um zum Spielerfolg zu kommen (Beispiel: *„Jägerball mit Zusammenspiel der Jäger"*, S. 140ff.).

Allerdings darf diese Aussage nicht dahingehend verstanden werden, dass Lehrende nur auf das 'Reif-Werden ihrer Früchtchen' warten müssten, bis diese – aufgrund ihrer biologischen Entwicklung – in der Lage wären, komplexere Spielanforderungen zu bewältigen und beispielsweise plötzlich wie von selbst könnerhaft zusammenspielen könnten. Auch hier gilt das über den Aneignungsvorgang von Selbstverantwortlichkeit und Mündigkeit Gesagte (vgl. S. 28): Fähigkeiten können nur da wachsen, wo Forderungen gestellt und Lerngelegenheiten geboten werden. Methodisch ist dabei immer aufs Neue das Paradoxon zu lösen, dass Kinder etwas tun sollen, wofür ihnen eigentlich noch die Voraussetzungen fehlen, sie es aber nur lernen

35 Für Kinder in diesem Alter reichen Spiele allein nicht aus, um grundlegende Erfahrungen im Umgang mit dem Ball zu erwerben. Hier sind *Übungen* nötig, um ausgiebig individuelle Ballerfahrung zu sammeln. Vgl. dazu MÜLLER, B.: Ball-Grundschule. Dortmund 1995.

36 Dass diese Lernleistung auch für manch einen erwachsenen Spieler noch nicht selbstverständlich ist, zeigen die Ballspiele des 'ballverliebten' Ballkünstlers, der durch die Art seiner Balldeutung den Spielfluss innerhalb eines Teams zeitweise nachhaltig zu stören vermag und damit das Erreichen des gemeinsamen Handlungsziels gefährden kann. Hier liegt möglicherweise ein nicht ausgelebtes Bedürfnis und eine dadurch nicht überwundene kindliche Handlungsstufe im Umgang mit dem Ball zugrunde.

können, wenn sie das tun, was sie noch nicht können. Praktisch aufgelöst wird dieser theoretische Widerspruch durch reflektierte Auswahl von Spielen, die dem aktuellen Lernniveau der Spieler gerecht werden und die ihnen eine allmähliche Annäherung an höhere, d.h. komplexere Formen des Spiels ermöglichen. (Als Hilfe zur Bestimmung des Anforderungsniveaus von Spielen vgl. *„Allmähliche Erweiterung der Spielkomplexität"*, S. 52.)

- **Kleine Mannschaften bilden:** Um das 'Teilen' des begehrten Spielobjekts zu erleichtern, empfiehlt sich bei komplexen Spielen, bei denen die Spielidee das Zusammenspiel zumindest einer Mannschaft verlangt, (vgl. z.B. *„Jägerball mit Zusammenspiel der Jäger"*, S. 140ff.), kleine Mannschaften mit drei bis vier, maximal mit fünf Spielern zu bilden. Dadurch wird die Möglichkeit für alle geschaffen, häufig(er) in Ballbesitz zu gelangen. (Das Bilden kleiner Teams ist darüber hinaus auch aus dem Grund der Spielvereinfachung ein wichtiges methodisches Mittel in der Spielerziehung: vgl. *„Reduzierung der Spielerzahl"*, S. 48ff.)

4.2 Ballspiel – eine komplexe Handlungssituation

Situationsangemessenes Handeln im Rahmen eines Mannschaftsspiels stellt an die Spieler vielfältige Anforderungen an Wahrnehmung, Informationsverarbeitung, Entscheidungsfähigkeit und motorisches Können (vgl. das Beispiel *„Jägerball"*[37]). Eine Vielzahl individuell-*motorischer* Lernleistungen – z.B. Fangen und Werfen – sowie *sozialer* – z.B. Absprachen treffen, Regeln einhalten, Koordinierung des eigenen Handelns mit dem der Mit- und Gegenspieler – müssen erworben werden, bevor jemand als „spielfähig" bezeichnet werden kann.

---

[37] Veranschaulichung von Wahrnehmungs- und Entscheidungsleistungen, die von den *Jäger*-Spielern beim *„Jägerball"* gefordert werden, um aus der Vielzahl von Informationen die wichtigen herauszufiltern und Handlungsentscheidungen treffen zu können:

- Wo bin ich? Wo ist/sind mein(e) Mitspieler?
- Welcher Mitspieler steht am günstigsten: Wer kann am ehesten einen Hasen abwerfen? Wen darf ich nicht anspielen, weil sonst ein Hase mein Zuspiel abfangen könnte?
- Wen kann ich durch mein Zuspiel überhaupt erreichen? Wer steht zu weit weg?
- Habe ich die Möglichkeit, einen Hasen abzuwerfen? Wenn ja: Bei welchem habe ich die größten Erfolgschancen?
- Wohin ziele ich, sodass der Hase nicht ausweichen oder fangen kann?
- Meckern die anderen, wenn ich (schon wieder) werfe oder vielleicht nicht treffe? Spiele ich deshalb lieber ab?
- Gebe ich X den Ball, obwohl er nie abspielt?
- Spiele ich zu meinem Freund, weil er sauer ist, wenn ich es nicht tue?

Zutaten für Spielfähigkeit: Alter und Erfahrung
Um dieses Ziel zu erreichen, sind einerseits längerfristige Erfahrungsgelegenheiten mit Spielanforderungen und -situationen notwendig. Andererseits ist es (im Kindesalter) auch gebunden an die jeweilige Alters- und individuelle Entwicklungsstufe des Kindes. In Bezug auf das kindliche Verständnis von Spielregeln und den Umgang damit weisen beispielsweise zahlreiche entwicklungspsychologische Aussagen übereinstimmend darauf hin, dass das souverän-bewusste, auf Einsicht beruhende Handhaben von Spielregeln als *„soziale Vereinbarungen auf Gegenseitigkeit, die man jederzeit verändern kann, sofern die davon Betroffenen dieser Änderung mehrheitlich zustimmen"*, erst am *„Ende der kognitiven Entwicklung des Kindes, zu Beginn des Jugendalters"*, steht.[38]

Die Spielanforderungen des normierten Basketballspiels beispielsweise würden allein aus diesem Grund einen Achtjährigen nicht nur motorisch, sondern auch von seinem Spielverstehen her vor unlösbare Probleme stellen. Um Spielanfänger nicht durch zu komplexe Spielstrukturen zu überfordern, ist bei der Auswahl und beim 'Anpassen' der Spiele im Hinblick auf die Zielgruppe das Gebot zu beachten: **Anforderungen reduzieren**!

Im Folgenden werden zunächst zwei Formen der Vereinfachung vorgestellt, um Kleine Ballspiele zu einem Spiel*erlebnis* für alle Kinder zu machen, und zwar indem

a) die Spieleranzahl reduziert und
b) die Regeln vereinfacht
und an die vorhandenen Fähigkeiten der Spieler angepasst werden.

4.2.1 Reduzierung der Spieleranzahl

Ohne Überblick kein Durchblick
Viele Ballspiele können – bei entsprechenden räumlichen Gegebenheiten – mit (fast) beliebiger Anzahl von Spielern durchgeführt werden (vgl. z.B. *„Brennball"*). Spiele jedoch, die vor den Erfolg kooperatives Handeln der Mitspieler setzen und bei denen es zu direktem Kontakt mit der Gegenpartei kommt, sollten nur mit drei bis fünf Spielern pro Mannschaft durchgeführt

---

38 SCHERLER, K.-H.: Die Regelung von Bewegungsspielen als Thema von Sportunterricht. In: Sportwissenschaften 4/77, S. 348.

werden: Die geringe Spieleranzahl – im Vergleich zu den normierten Sportspielen *„Hand-"* und *„Fußball"* – schränkt die Vielzahl möglicher Handlungsentscheidungen ein. Dies erleichtert die Spielübersicht und schafft eine wichtige Voraussetzung dafür, situationsangepasst entscheiden und handeln zu können. Darüber hinaus erleichtert die kleine Gruppengröße taktische Absprachen – und damit 'bewussteres' Spielverhalten – innerhalb der Mannschaft, und es werden die Möglichkeiten zur aktiven Mitgestaltung des Spielgeschehens für jeden Teilnehmer vergrößert.

Zwei kontrastierende Beispiele zum anschaulicheren Verständnis:

- *„Schwarzer Peter"* (vgl. S. 70) ist von seinen Anforderungen her eine wenig komplexe Spielform. Es sind minimale Kooperationshandlungen notwendig: Aufgrund der zahlreichen Spielbälle handelt jeder mehr oder weniger auf eigene Faust; Absprachen werden – wenn überhaupt – nur zur Feldaufteilung erforderlich. Da beide Mannschaften in getrennten Spielfeldern agieren, findet keine direkte Auseinandersetzung mit der gegnerischen Mannschaft statt. Eine größere Spieleranzahl in der Mannschaft ist aus diesen Gründen ohne die Gefahr einer individuellen Überforderung möglich.

- Handballähnliche Spielideen hingegen fordern vielfältige Kooperationen: Beim Ballerobern (z.B. gemeinsam den Raum decken) sowie beim Vortragen des Balls zum gegnerischen Torziel muss der Einzelne sein Verhalten auf das seiner Mitspieler abstimmen. Absprachen werden notwendig: „Wer deckt diesen oder jenen Gegenspieler? Wer bleibt 'hinten' zur Torabsicherung bei eigenen Angriffen? Wer greift in diesem Augenblick den ballbesitzenden Spieler der Gegenpartei an?" Die direkte Auseinandersetzung mit dem Gegner verlangt vom einzelnen Spieler vielseitigere Spielleistungen als *„Schwarzer Peter"* – die Spieleranzahl in den Mannschaften muss demzufolge kleiner sein.

Organisatorische Hinweise

A. Spiellinien markieren

Beim Spiel mehrerer Mannschaften wird es oft notwendig sein, zusätzliche Spiellinien zu markieren. Dazu können in der Halle Markierungshütchen, Kegel, Springseile oder auch Parteibänder verwendet werden. Da jedoch diese Materialien selten in ausreichender Anzahl vorhanden sind, empfehle ich, eigene Markierungsstreifen anzufertigen, indem man sich aus Teppichresten oder Überbleibseln des Küchenbelages einfach ca. 6 cm schmale und 20 cm lange Streifen schneidet. Einmal zurechtgeschnitten und in einer Einkaufstüte aufbewahrt, hat man sich auf einfache und billige Weise ein immer wieder vielseitig verwendbares Unterrichtsmaterial hergestellt, dass einem bis zur Pensionierung gute Dienste leisten wird ...

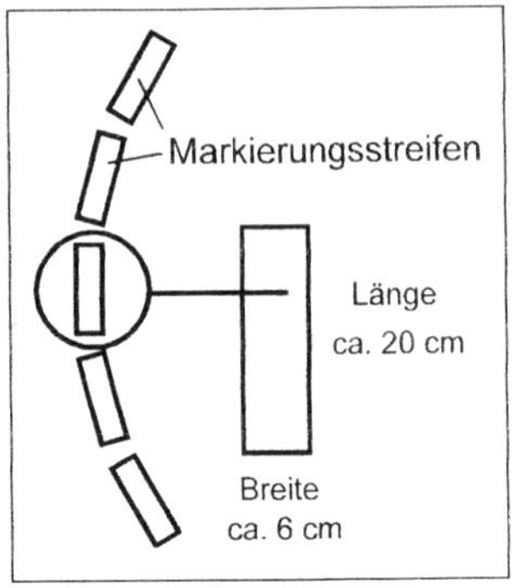

B. Trotz räumlicher Enge viele spielen lassen

Ist es aufgrund räumlicher Bedingungen nicht möglich, alle Kinder gleichzeitig in sechs oder acht kleinen Mannschaften spielen zu lassen, bieten sich folgende organisatorischen Lösungen an:

1. Mit Auswechseln

Das Spielfeld wird in (mindestens) zwei Felder unterteilt. Vier Mannschaften spielen – jeweils zwei in einem Feld gegeneinander. Die übrigen Gruppen sitzen währenddessen als Zuschauer auf der Bank (vgl. Abb. rechts). Nach festgelegter Zeit wechseln die Teams.

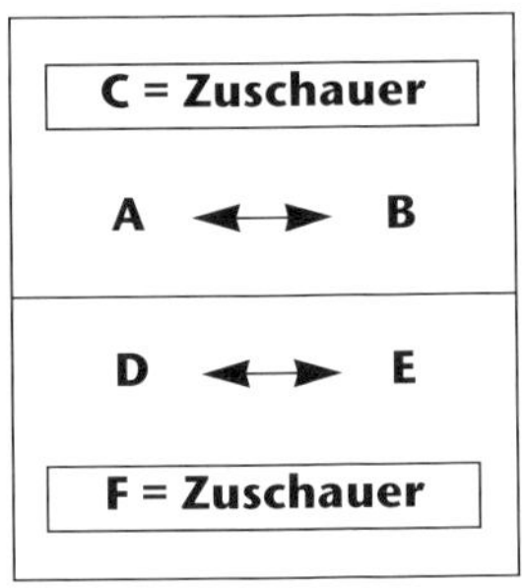

Auch wenn dieses Wechselverfahren den Kindern Auszeiten zumutet (die angesichts der ohnehin knappen Bewegungszeit nicht unproblematisch sind), gleicht die höhere – weil lernangemessene – Spielqualität die geringere Bewegungszeit aus: Zehn Minuten Spielen mit Sinn und Verstand 'bringen mehr' als 20 Minuten chaotisches Gewühle und Geschiebe. Darüber hinaus kommen in größeren Mannschaften insbesondere *leistungsschwächere Spieler* oft kaum zum Zuge und erleben ein trostloses Statistendasein; im Gegensatz dazu eröffnen ihnen kleine Teams mehr Chancen zur befriedigenden Spielteilnahme.

(TIP: Den Zuschauern können auch Beobachtungsaufträge erteilt werden: vgl. Band 2 *„Spielbeobachtung"*.)

2. Mit Angriffs- und Verteidigungszon

Das Spielfeld wird in eine Angriffs- und eine Verteidigungszone gegliedert. Jede Mannschaft teilt sich auf in eine *Angreifer-* und *Verteidigergruppe*, die für jeweils eine Halbzeit ihre Spielhälfte nicht verlassen und ihre Spielrolle nicht aufgeben dürfen (vgl. Abb. rechts).

Diese Form ermöglicht es, 12–20 Spieler – wenn auch mit kleinen Pausen – in *ein* Spielgeschehen zu integrieren.

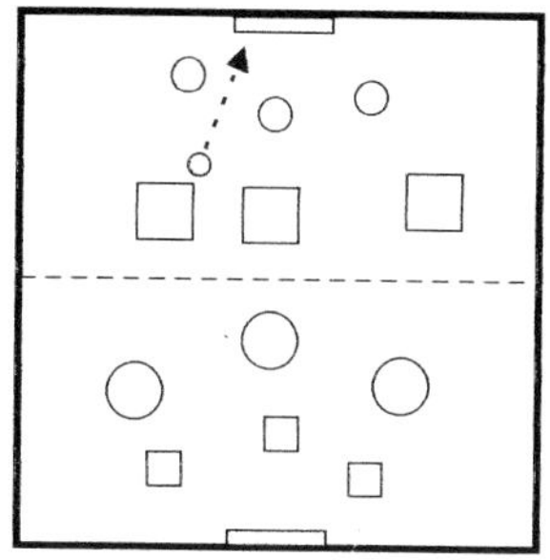

kleine Zeichen = Verteidiger
große Zeichen = Angreifer

3. Spiel auf vier Tore

Es werden für jede Mannschaft zwei Tore aufgebaut. Dadurch wird das Spielgeschehen vor den Toren entzerrt und das Spiel erhält eine zusätzliche Dynamik durch die Möglichkeit zum plötzlichen Wechsel von einem Tor zum anderen. Außerdem wird durch den Aufbau das Gefühl zur geschickten Raumaufteilung gefördert.

Wird mit Torwart gespielt, können vier Spieler zusätzlich einbezogen werden.

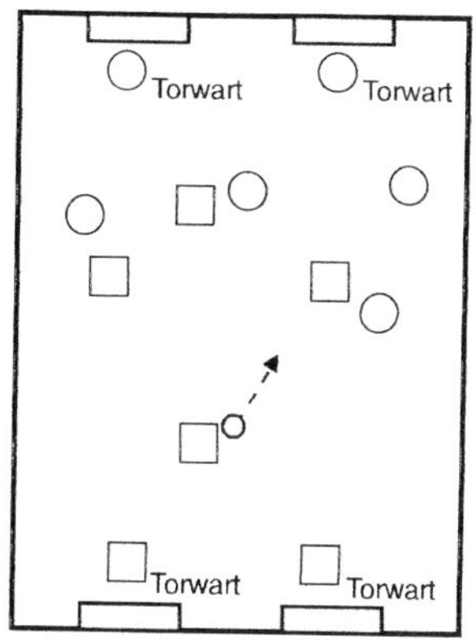

4.2.2 Vereinfachung der Spielregeln

Faustregel für Spielanfänger

Eine zweite Ebene der Spielvereinfachung betrifft die der Lerngruppe angemessene Vorgabe von Regeln. Am Anfang sollte nach dem **Grundsatz** verfahren werden: **nur so viele Regeln wie notwendig!** *Notwendig* bedeutet, dass die Spielidee ein tragendes Gerüst erhält und sich ein Spielfluss überhaupt entwickeln kann. Anzahl und Komplexität der Spielregeln sind dabei abhängig vom Alter der Lerngruppe (s.o.).

Unklarheiten und Probleme sind nach Möglichkeit mit den Spielern gemeinsam durch Vereinbarungen zu beseitigen; denn: je mehr Mitgestaltungsmöglichkeit, desto stärker das Verantwortlichkeitsgefühl für das Spiel (vgl. *„Lösungen für (Spiel-) Probleme gemeinsam suchen ...“*, S. 31).

Zum anderen sind Regeln in pädagogischer Perspektive dahingehend auszuwählen, dass **zwei Kriterien für 'gute Spiele'** erfüllt werden:

1. Die Regeln schließen niemanden von vornherein aufgrund besonderer Anforderungen aus. Sie ermöglichen allen Mitspielern ein aktives Mitmachen und Dabeisein sowie – wenn die Spielidee es verlangt – die Chance zum Punkt- bzw. Torerfolg.

   Beispiel: Bei der traditionellen Grundform von *„Jägerball"* (vgl. S. 124) haben wurfschwächere Spieler keine bzw. nur eine geringe Chance zum Abwurf. Variationen wie z.B. *„Jeder gegen jeder"* (vgl. S. 134f.) – vermitteln hingegen jedem die Aussicht auf Erfolg.
2. Die Spielregelung eröffnet allen eine Gelegenheit zum intensiven Bewegen und zu körperlicher Anstrengung.

   Beispiele: Ein erster Beleg für die Realisierbarkeit dieser Forderung ist die Verringerung der Spieleranzahl (vgl. S. 48). Ein zweiter sind 'dynamischere' Abwandlungen von Spielideen, die eine statische Spielweise nahe legen – wie beispielsweise *„Brennball"* (Variation: *„Gewitter-Brennball"*, vgl. S. 105) oder *„Ball über die Schnur"* (Variation: *„Mit Zusatzaufgaben nach dem Wurf"*, vgl. Band 2).

   Das in Band 2 ausführlich vorgestellte Verfahren zur Einführung von Schrittregeln und zum Prellen des Balls in der Bewegung illustriert ein drittes, geradezu musterhaftes Beispiel, wie Spaß im Spiel für alle erlebbar wird – ungeachtet unterschiedlichster Könnensvoraussetzungen.

4.2.3 Allmähliche Erweiterung der Spielkomplexität

Um ein Hilfsmittel in der Hand zu haben, den Schwierigkeitsgrad eines Spiels im Hinblick auf die eigene Lerngruppe besser einschätzen und es nach dem Prinzip der „Passung" auswählen zu können – zum Vermeiden von Überforderungen –, müssen die komplexen Anforderungen einzelner Spiele genau(er) bestimmt und unterschieden werden. Das folgende Modell benennt dazu drei Handlungsebenen[39], die im Anschluss wiederum in jeweils vier Anforderungsstufen aufgefächert werden:

Zum Entwirren des komplexen Knäuels „Ballspiel" – drei Handlungsfäden

1. Kooperative Handlungsanforderungen
2. Grad der (Spiel-) Rollendifferenzierung
3. Art der Auseinandersetzung mit der/den gegnerischen Mannschaft/en.

---

39 Das Modell ist angelehnt an PETERSEN, U.: Spielen im Sportunterricht. In: Zeitschrift Grundschule 3/89, S. 43-46.

Alle drei Ebenen reflektieren Anforderungen des Spiels, die sowohl die *spezielle* als auch die *allgemeine Spielfähigkeit* berühren. Die Tabelle auf Seite 58 gibt allein eine illustrierende Übersicht für die komplexen Anforderungsstufen *innerhalb* des Spiels, d.h. für die *spezielle Spielfähigkeit* (vgl. S. 27). In welcher Weise Spieler hinsichtlich der *allgemeinen Spielfähigkeit* gefordert werden, lässt sich leider nicht so anschaulich darstellen, da dies in entscheidender Weise abhängt von den jeweiligen pädagogischen und didaktisch-methodischen Planungsentscheidungen des Spielleiters; denn je weniger lenkend er in das Spielgeschehen eingreift und je mehr Spielraum er den Akteuren lässt, desto intensiver werden sich die Interaktionen entwickeln. Zur Erinnerung hier noch einmal einige solcher Entscheidungen:

- Art der Spielregelung: Sollen die Spieler Regeln zuvor allein festlegen, damit das Spiel überhaupt in Gang kommt? Oder wird es vorab vom Lehrenden fix und fertig geregelt?
- Werden Spielprobleme gemeinsam gelöst oder allein vom Leiter?
- Sind die Spieler allein für die Regeleinhaltung verantwortlich oder übernimmt der Lehrende die Schiedsrichterrolle?

Anzeichen für überforderte Spieler

Überforderungen im Hinblick auf die 'technische' Seite des Spiels (= *spezielle Spielfähigkeit*) werden sichtbar in motorischen 'Ausfällen' – wie häufig in Form von Fang- und Zuspielfehlern oder taktischen Fehlleistungen, wenn Spieler beispielsweise nach einem Ballverlust nicht von Angriff auf Abwehr umschalten. Dies führt entweder zu Verdrossenheit aufgrund häufiger persönlicher Misserfolge oder aber zu einer allgemeinen Unzufriedenheit mit dem Spielgeschehen, da sich kein Spielfluss entwickelt: „Macht *irgendwie* keinen Spaß." Sind Spieler hingegen in ihrer sozialen Kompetenz überlastet, schlägt sich dies nieder in einer rapiden Zunahme von Konflikten. In diesem Fall werden Klagen hörbar wie „Mit denen spiele ich nicht mehr!" oder „Bei uns gibt's immer Streit!"

Art der Auseinandersetzung zwischen Spielgegnern = wichtigste Herausforderung für Spielfähigkeit ...

Das (mögliche) Ausmaß sozialer Spannungen wird zum einen bedingt durch die pädagogischen Vorgaben (s.o.), zum anderen jedoch insbesondere durch die „Art der Auseinandersetzung mit dem Gegner": Die direkte leibliche Auseinandersetzung beeinflusst – besser: verschärft – den Grad und Charakter der Wettkampfausprägung und erhöht damit maßgeblich die Anforderungen an ein „spielerisches Spielen"; denn was in Berührung mit meinem Körper kommt, das berührt mich auch in meinem Inneren stärker. Im Hinblick auf die *allgemeine Spielfähigkeit* bildet aus meiner Sicht die Form der spielerischen Auseinandersetzung daher das *zentrale* Anforderungsmerkmal.

In gleichem Maße gilt dies auch für die *spezielle Spielfähigkeit*. In einer bedrängten Situation optimal zu handeln, gibt selbst Könnern bisweilen Rätsel auf. Spielanfänger aber scheuen häufig (heftigen) Körperkontakt, den sie nicht vorhersehen oder steuern können: Entweder weil sie Angst haben (z.B. vor schmerzhaftem Zusammenprallen) oder weil sie sich in ihrem Spielverhalten dadurch in einer Weise gestört fühlen, dass sie den Spielüberblick oder die Kontrolle über ihre Bewegungen verlieren. Ihre Fang- und Zuspielsicherheit leidet darunter ebenso wie die Fähigkeit zur durchdachten Handlungsentscheidung – und damit letztlich der Spielfluss und die Spielfreude aller Beteiligten.

... und Grundlage zur Gliederung der Spielesammlung

Um einen möglichen Einwand zu entkräften: Ohne Frage hat auch das Maß kooperativer Anforderungen erheblichen Einfluss auf die sozialen Auseinandersetzungen – Kooperation verläuft selten konfliktfrei! – sowie auf das 'technische' Gelingen des Spiels; denn oft geht die Mannschaft mit der besseren „mannschaftlichen Geschlossenheit" als Sieger vom Platz – und nicht diejenige, die zwar über die stärkeren Einzelspieler verfügt, aber nicht zur konstruktiven Zusammenarbeit fähig ist. Dennoch: Die Art der spielerischen Auseinandersetzung zwischen den Mannschaften, bedingt durch die jeweilige Spielidee, bildet aus den genannten Gründen die **entscheidende Einflussgröße für Qualität und Quantität der sozialen Konflikte und motorischen Spielprobleme**. Dieses Merkmal bildet daher die Basis für die Gliederung der Spielesammlung.

Das **Gliederungsprinzip** jedoch wird **ergänzt durch** die Ebene der **„Rollendifferenzierung"**: Beim *„Brennball"* beispielsweise schlüpfen die Spieler beider Mannschaften in feste, unterschiedliche Rollen („Werfer" und „Brenner"). Haben Spieler aber vom Prinzip her gleiche Rollen und ergibt sich eine Differenzierung der Spielrollen erst aus der konkreten Spielsituation (Beispiel *„Basketball"* – „Angreifer" und „Verteidiger"), so hat auch dies Auswirkungen:

1. Auf die motorischen Anforderungen: Die Spieler müssen auf neue Spielsituationen schneller reagieren und zwischen grundsätzlich verschiede-

nen Verhaltensanforderungen – als „Angreifer" und „Verteidiger" – innerhalb einer Sekunde umschalten und motorisch entsprechend 'antworten' können. Dazu benötigen sie unter anderem ein umfangreicheres Bewegungsrepertoire und vertieftes taktisches Spielverständnis.

2. Auf den Charakter der sozialen Auseinandersetzung: Die Handlungen sind nunmehr unmittelbar aufeinander bezogen und das Spielergebnis wird zu jeder Zeit direkt erkennbar und damit vergleichbar. Dies führt zu einer Zuspitzung des Wettkampfprinzips. Hierzu ist anzumerken, dass damit keine Zwangsläufigkeit des Handlungsgeschehens gemeint ist, sondern von der – erfahrungsgeprägten – Annahme ausgegangen wird, dass bei zunehmender Wettkampforientierung die Wahrscheinlichkeit steigt, dass es zu Streitfällen innerhalb und zwischen den Mannschaften kommt. Wie aber Spieler mit dem Wettkampfprinzip umgehen, hängt letztlich von ihrer *Einstellung* ab (Stichwort: „spielerischer Spieler", vgl. Band 2), die unter anderem auf *den* Erfahrungen beruht, die sie im Sportunterricht (vgl. Band 2 *„Hilfen zum Umgang mit Wettkampf ..."*) – und/oder im Verein – sammeln.

Vor dem Hintergrund der Vorüberlegungen zur Erweiterung der Spielkomplexität ergibt sich folgende **Gliederung der Spielesammlung** (In der Klammer wird jeweils die entsprechende Überschrift der Spielesammlung aufgeführt.):

1. Mannschaftsspiele ohne direkten Kontakt und Handlungsbezug zur Gegenpartei sowie ohne Rollendifferenzierung (= „Zielwurfspiele – einfach zielen und treffen").

2. Mannschaftsspiele ohne direkten Kontakt, mit unmittelbaren Handlungsbezug zur Gegenpartei – und fester Rollenverteilung (= „Einfache Mannschaftsspiele – übersichtlich und ohne Körperkontakt").
   (Hierbei wird zusätzlich unterschieden, ob die Spiele *mit* einer räumlichen Trennung der beiden Spielparteien (= „Spieler räumlich getrennt") oder *ohne* durchgeführt werden (= „Spiele im gemeinsamen Spielfeld").)

3. Mannschaftsspiele ohne direkten Kontakt, mit unmittelbarem Handlungsbezug zur Gegenpartei – und situativem Rollenwechsel (= „Wechselvolle Mannschaftsspiele – ohne Körperkontakt, aber abhängig vom Gegner").

4. Mannschaftsspiele mit unmittelbarem Handlungsbezug zur Gegenpartei und direkter körperlicher Auseinandersetzung – sowie mit situativem Rollenwechsel (= „Anspruchsvolle Mannschaftsspiele – mit vollem Einsatz").

Diese letzten beiden Gliederungspunkte beziehen sich auf Band 2.

In der Spielesammlung werden – zum besseren Erinnern – am Anfang noch einmal die wichtigsten Merkmale, die die jeweilige Spielgruppe charakterisieren, aufgeführt.

So erhöht sich die Komplexität eines Spiels

Folgt man dem vorgestellten Modell, ergibt sich eine Steigerung der Spielkomplexität:

1. Durch das Erhöhen der Anforderungsstufe, d.h. durch das **Aufsteigen innerhalb einer Handlungsebene** (z.B. vom „Spiel ohne Gegner" zu „direkter Auseinandersetzung mit Gegner im gemeinsamen Spielfeld") .
2. Durch die **Art der Verknüpfung** von Anforderungsstufen **verschiedener Ebenen**. Ein Beispiel: *„Burgdieb"* (vgl. S. 79) ist in dieser Spielesammlung vor *„Ball über die Schnur"* (vgl. Band 2) eingereiht, da es im Hinblick auf den Differenzierungsgrad der Spielrollen sowie die Art der Auseinandersetzung mit dem Gegner weniger Anforderungen stellt. Auf der Ebene der Kooperation hingegen fordert *„Burgdieb"* von der Werferpartei zum Spielerfolg zweifelsohne größere Fähigkeiten als *„Ball über die Schnur"*. Das kleine Beispiel verdeutlicht zugleich die Schwierigkeit, die man sich unausweichlich in dem Augenblick einhandelte, wollte man eine Reihenfolge aller Spiele herstellen, die die einzelnen Anforderungen auf jeder Handlungsebene gewichtet und gegeneinander abwägt. In wissenschaftlicher Hinsicht sicherlich eine lohnende Aufgabe – aus praktischen Gründen erspare ich mir aber diesen Versuch, belasse es bei einer grobrastrigen Einteilung und stelle es den Lesern anheim, die *ganz* genauen Anforderungen eines Spiels im Vergleich zu anderen auszutüfteln.

Hinweise zum Aufbau der Spielesammlung

Bei der Reihenfolge der im Praxisteil aufgeführten Spiele habe ich mich bemüht – unter Beachtung der oben dargestellten Kriterien – eine **Stufung vom Leichte(re)n zum Schwere(re)n, vom Reduzierten zum Komplexe(re)n** herzustellen. Das zuvor beschriebene Beispiel verdeutlicht jedoch, dass diese Abfolge nicht – aufgrund der vielfältigen Verknüpfungsmöglichkeiten zwischen den drei Handlungsebenen mit ihren jeweils vier Anforderungsstufen – als eine streng-logisch aufeinander aufbauende verstanden werden darf. Welcher Handlungsebene man bei der Beurteilung darüber, welchen Komplexitätsgrad ein Spiel aufweist, größere Wertigkeit einräumt, muss letztlich der subjektiven Einschätzung überlassen bleiben. Ein Weiteres kommt hinzu: Die Zuordnung eines Spiels zu einer der vier Spielegruppen bezieht sich immer nur auf die *Grundform*; hätte man die Variationsformen, die oftmals komplexere Anforderungen aufweisen, in die jeweils entsprechende Gruppe eingeordnet, wäre der innere gedankliche Zusammenhang einer Spielidee und seiner Ableger verloren gegangen.

Aus dem Anspruchsniveau eines Spiels darf auch nicht automatisch auf die Eignung für eine bestimmte Altersgruppe geschlossen werden: Der Grundsatz der „Passung" von Alter und Entwicklungsstand der Lerngruppe sowie Spielanforderungen schließt beispielsweise die Einführung von *„Jägerball mit Gefangenenaustausch"* (vgl. S. 150) bei Achtjährigen aus. Andererseits folgt daraus nicht, dass nicht auch einfache Spiele wie *„Schwarzer Peter"* (vgl. S. 70) oder *„Aufsetzerball"* (vgl. Band 2) von Zwölfjährigen mit Spaß und Lerngewinn (z.B. Verbesserung der Zielgenauigkeit und der Wurfkraft) gespielt werden können, obwohl diese Spiele, von ihrem Anforderungsgrad her gesehen, sicherlich unterhalb des tatsächlichen Leistungsvermögens dieser Altersgruppe angesiedelt sind.

Anforderungs-stufen Spielkomplexität	Handlungsebenen		
	1. Kooperation	**2. Differenzierung der Spielrollen**	**3. Art der Auseinandersetzung mit Gegner**
keine Anforderung	*„Kegel umwerfen“*	Keine Differenzierung: Alle machen das Gleiche (*„Kastentreiben“*)	Keine Auseinandersetzung, sondern Spiel miteinander (*„Gemeinschaftliches Kegeln“*)
wenig Anforderung	Einfache Absprachen treffen über die Aufgaben- und Rollenaufteilung innerhalb des eigenen Teams. (*„Rangierball“*: „Wer holt die vorbeigeworfenen Bälle zurück – jeder allein oder einer für alle?“)	Spieler haben unterschiedliche, feste Rollen (*„Brennball“*: „Läufer“ und „Brenner“) oder sogar fixierte Positionen („Werfer“ bei *„Ballpost“*); Rollentausch klar geregelt (Wechsel nach bestimmter Zeit, bei erreichter Punktzahl, bei Abwurf eines gegnerischen Spielers ...)	'Gezügelte' Auseinandersetzung, da Gegner nur indirekt (durch Punktvergleich) vorhanden; konkrete Spielhandlungen der einzelnen Mannschaften nicht aufeinander bezogen (*„Kastentreiben“*)
mittlere Anforderung	Abstimmen der eigenen Spielhandlungen mit denen der Mitspieler; gemeinsames Entwickeln und Absprechen einfacher taktischer Handlungspläne (*„Stinkeburg“*: „Alle Angreifer werfen gleichzeitig den Ball, um ihre Trefferchancen zu erhöhen!“ „Die Verteidiger verteilen sich gleichmäßig im Feld.“)	Keine Zweiteilung der Spielrollen mehr zwischen den Mannschaften; gleichmäßiger, vorhersehbarer Wechsel von Abwehr- und Angriffsrolle; Spieler auf wechselnden Positionen (*„Ball über die Schnur“*)	Zwei unterscheidbare Formen: 1. Spielaktionen wechselseitig komplementär aufeinander bezogen: Angriff der einen Mannschaft bedeutet automatisch Verteidigenmüssen der anderen; aber kein Kampf um den Ball, da Gegner in *getrennten* Spielfeldern; indirekte Auseinandersetzung durch Punktvergleich (*„Ball über die Schnur“*) 2. Spielhandlungen weiter direkt aufeinander bezogen – und sogar im *gemeinsamen* Feld; dennoch kein Kampf um Ball durch verschiedenartige Spielrollen der Teams (*„Jägerball“*)
hohe Anforderung	Abstimmen des eigenen Spielhandelns in Bezug auf Mit- und Gegenspieler gleichzeitig beim Abwehren des gegnerischen Angriffs sowie beim Versuch eines Punkterfolgs (*„Häuptlingsball“*)	Innerhalb einer Mannschaft mehrere formale Rollen (Torwart, Feldspieler) und informelle („Spielmacher“ z.B.); Angriffs- und Verteidigungsaktionen wecheln unregelmäßig und situativ unvorhersehbar (*„Brettball“*)	Bei Angriff und Verteidigung direkte Auseinandersetzung mit dem Gegner im gemeinsamen Spielfeld (Körperkontakt!); situativ wechselnde Spielrollen; unmittelbarer Vergleich der Punkte/Treffer (*„Brettball“*)

Teil II Spielesammlung

1 Zielwurfspiele – einfach zielen und treffen

Wichtigste Merkmale der Spiele dieses Abschnitts:

- Kein direkter Kontakt zum Spielgegner
- Kein direkter Handlungsbezug zur Gegenpartei
- Keine Rollendifferenzierung.

Das heißt:

- Die Parteien spielen entweder
  – *miteinander*, ohne Wettkampf und Leistungsvergleich, oder
  – *gegeneinander*, in mindestens zwei Spielparteien (Die Anzahl der Spielgegner ist theoretisch unbegrenzt.).
- Körperkontakt zwischen den gegnerischen Spielern ist ausgeschlossen.
- Die Mannschaften spielen 'egozentrisch' und jede für sich: Es gibt keine wechselseitige Beeinflussung in den Spielhandlungen.
- Beim Spiel miteinander kann als übergreifender Bezugspunkt das gemeinschaftliche Erreichen einer Zielvorgabe gesetzt werden.
  Beim Spiel gegeneinander ist der gemeinsame Bezugspunkt allein der indirekte Punkt-/Leistungsvergleich.
- Für den Spielerfolg ist gar keine oder nur wenig Kooperation notwendig.

1.1 Kegel umwerfen

Alter: Ab 6 Jahren.
Gruppengröße: 2–8 Spieler.
Materialien: 3–6 Turnbänke; für jeden Spieler je ein Gymnastik-/Hand-/Tennisball; 20–30 Kegel oder/und Markierungshütchen.
Spielfeldaufbau: *Aufbau A:* Im Abstand von 3–6 m von einer markierten Wurflinie stehen Langbänke, auf denen Kegel/Markierungshütchen aufgestellt sind.
Aufbau B: Die Bänke stehen in der Mitte zwischen zwei markierten Wurflinien (Linienabstand 6–12 m).

Ziel ist es, in Gruppen von einer Wurflinie aus die Kegel/Hütchen abzuwerfen. Das kann in Form eines Mit- oder Gegeneinanders geschehen. Jeder Spieler wirft so oft und so lange, bis die Aufgabe erfüllt ist.

Abb. 1

Aufgabenformen

- *Kooperative* Aufgabe für die ganze Gruppe: „Wie viel Zeit fürs Abwerfen aller Kegel benötigt ihr?" Mehrere Durchgänge durchführen: „Könnt ihr euch verbessern?"
- Zwei Parteien, die *gegeneinander* spielen, stehen sich gegenüber (vgl. Abb. 1): „Wer wirft mehr Hütchen in das Feld der anderen Partei hinein?"
- 2–6 Parteien spielen *gegeneinander*, jede Partei wirft – von einer gemeinsamen Wurflinie aus – auf die Kegel 'ihrer' Bank: „Welche Gruppe hat ihre Bank zuerst leer geworfen?"

☞ *Hinweise*

- Aufgrund des gleich bleibenden Wurfabstandes zwischen Werfern und festem Ziel ist diese Spielform die einfachste der hier aufgeführten Zielwurfspiele.
- Beim Werfen von zwei Seiten besteht die Gefahr, dass Spieler beim Zurückholen im Spielfeld liegen gebliebener Bälle getroffen werden. Deshalb ist die ganze Gruppe vor dem Spiel auf umsichtiges und rücksichtsvolles Verhalten hinzuweisen: „Werfer und Ballholer müssen aufeinander gut Obacht geben!"

1.2 Triff ihn, bis der Kegel fällt!

Alter: Ab 7 Jahren.
Gruppengröße: 2–5 Spieler.
Materialien: Jede Gruppe erhält einen Medizin- oder Basketball als „Kegelball" und einen Kegel oder Markierungshütchen, jeder Werfer einen Gymnastik- oder Handball als Wurfball.
Spielfeldaufbau: Spielfläche mit Bänken in „Kegelbahnen" teilen, eine Wurf- und Startlinie markieren. Auf der Startlinie liegt für jede Gruppe ein „Kegelball" (vgl. Abb. 2 S. 62).

Jede Gruppe wirft oder rollt von der Abwurflinie aus auf ihren „Kegelball" in beliebiger Reihenfolge und Häufigkeit. Ziel ist es, den Kegel mittels des „Kegelballs" umzuwerfen. Wird er von einem Werfer so getroffen, dass er aus der Bahn rollt und den Kegel nicht mehr umstürzen kann, wird er auf die Startlinie zurückgelegt.

Aufgabe geschafft: „Probiert dasselbe von einer entfernteren Abwurflinie, die ihr selbst festlegt!"

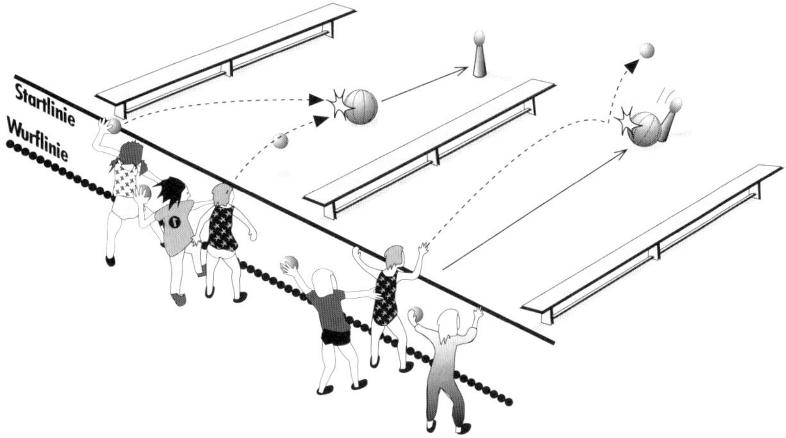

Abb. 2

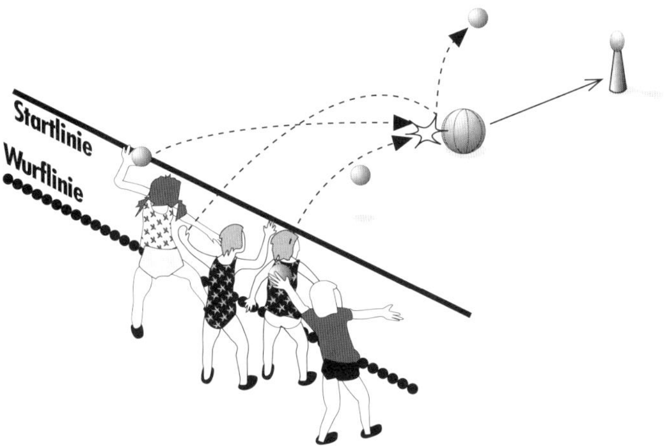

Abb. 3

⇒ *Variation*

- „Wehe das Hütchen rutscht!" bzw. „... der Kegel fällt!"
  Ziel für alle Parteien ist es, innerhalb einer bestimmten Zeit (z.B. in zwei min), den „Kegelball" so nahe wie möglich an das Hütchen bzw. den Kegel heranzubringen, ohne dass das Hütchen rutscht bzw. der Kegel umfällt! (s. Abb. 3)

  Regeln:
  - Kegel fällt nach Treffer mit einem Wurfball um bzw. Hütchen verrutscht – wieder in die Ausgangsposition stellen.
  - Kegel/Hütchen fällt nach Berührung durch den „Kegelball" um bzw. verrutscht – „Kegelball" zurück zur Startlinie.
  - Rollt der „Kegelball" ungünstig aus der Bahn, darf er zurück zur Startlinie gebracht werden (innerhalb der Spielzeit beliebig oft!).

1.3 Kastentreiben

Alter: Ab 8 Jahren.
Gruppengröße: 4–5 Spieler.
Materialien: Pro Spieler ein Gymnastik- oder Handball, für jede Gruppe ein kleiner Kasten sowie eine Teppichfliese.

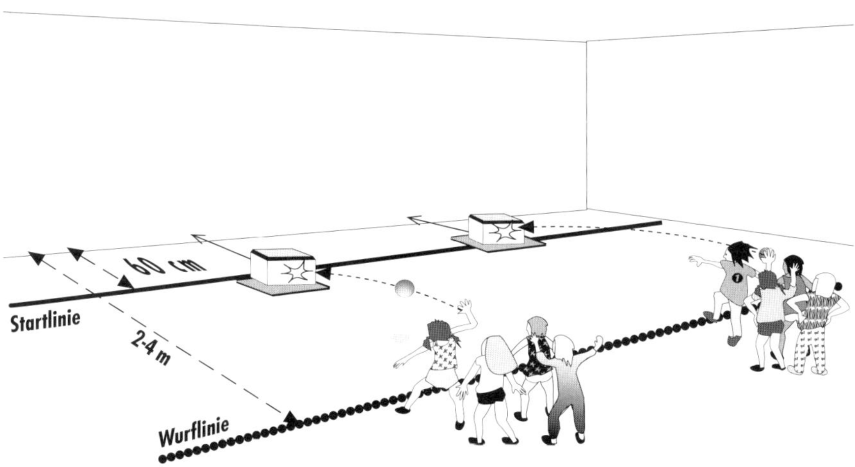

Abb. 4

Spielfeldaufbau: Jede Gruppe steht im Abstand von etwa 2–4 m (abhängig von der Altersstufe!) von ihrem umgedrehten kleinen Kasten entfernt, der wiederum ca. 60 cm vor der Wand steht.

Aufgabe ist es, den Kasten durch Treffer mit dem Ball von der Wurflinie aus an die Wand zu „treiben".

Die Gruppenmitglieder werfen nacheinander so lange, bis der Kasten im Ziel ist.

Mögliche Spielwertungen:
Spiel *miteinander*: „Wie lange braucht die ganze Gruppe, bis der letzte Kasten an der Wand ist?"

Spiel *gegeneinander*: „Welche Partei hat zuerst ihren Kasten an die Wand getrieben?"

☞ *Hinweise*

- Günstig ist es, die kleinen Kästen auf eine Teppichfliese zu stellen, weil das „Treiben" dadurch erheblich erleichtert und das sichtbare Erfolgserlebnis verstärkt wird. (Sind keine Fliesen verfügbar, tun es auch alte Lappen oder Handtücher. Wer leicht Bananenkartons besorgen und problemlos in seinem Geräteraum stapeln kann, dem sei dieses Material empfohlen: allerdings sollte dann der Wurfabstand etwas größer gewählt werden, etwa 3–6 m.)
- Vor Spielbeginn hinweisen auf umsichtiges Spielhandeln: „Achtung beim Ballholen und beim Werfen!"

1.4 Rangierball

Alter: Ab 8 Jahren.
Gruppengröße: 4–7 Spieler.
Materialien: Pro Spieler ein Ball: Schlag-, Tennis-, Gymnastik- oder Handball; pro Mannschaft zwei kleine Kästen (= „Waggons").
Spielfeldaufbau: Je Mannschaft werden an einer Startlinie zwei kleine Kästen hintereinander auf den Boden gestellt, mit der Öffnung nach oben. In etwa 8–10 m Abstand von der Wurflinie wird eine Ziellinie als „Bahnhof" markiert (Abstand zwischen Wurf- und Startlinie etwa 3 m).

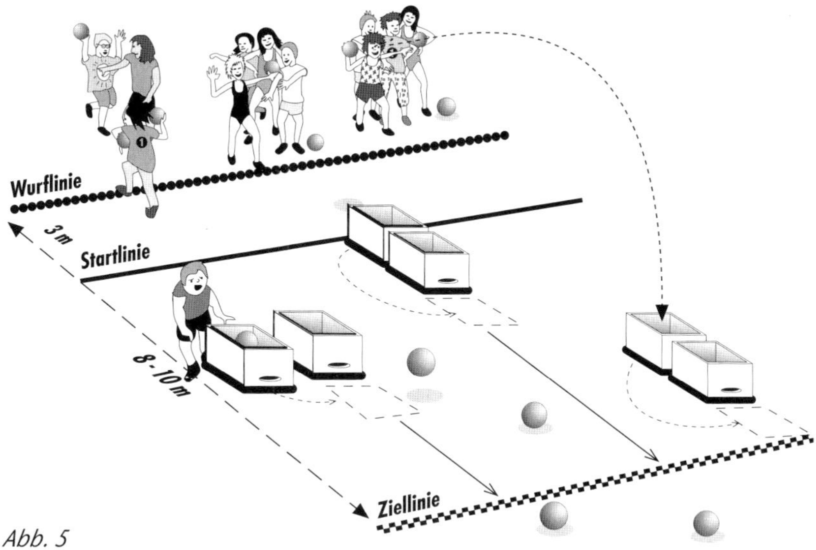

Abb. 5

Die Spieler versuchen nacheinander von der Wurflinie aus, den Ball in den *vorderen* der beiden Kästen zu werfen. Gelingt dies, wird der Kasten immer jeweils hinter den zweiten „gekoppelt".

Wer den Kasten verfehlt hat, holt seinen Ball zurück und stellt sich wieder an das Ende seiner Gruppe.

Mögliche Spielwertungen:
Spiel *miteinander:* „Wie lange braucht die ganze Gruppe, bis alle „Waggons" im Bahnhof sind?"

Spiel *gegeneinander:* Welche Mannschaft hat beide „Waggons" zuerst in den Bahnhof „rangiert"?

☞ *Hinweise*

- Mit den Spielern vereinbaren, ob Bälle, die wieder aus dem Kasten herausspringen, als Treffer gelten oder nicht.
- Sind nicht genügend kleine Kästen vorhanden, können zum einen die einzelnen Mannschaften mit mehr Spielern aufgefüllt werden. Besser ist jedoch die Lösung, jede Mannschaft zu halbieren: Eine Gruppe wirft, die andere holt und spielt der Werfergruppe die Bälle zurück. Beim nächsten Spieldurchgang werden die Rollen gewechselt.

2 Einfache Mannschaftsspiele – übersichtlich und ohne Körperkontakt

Wichtigste Merkmale der Spiele dieses Abschnitts:

- Kein direkter Kontakt zum Spielgegner
- Unmittelbarer Handlungsbezug zur Gegenpartei
- Mit fester Rollenverteilung (geringe Rollendifferenzierung).

Das heißt:

- Es gibt zwei gegnerische Spielparteien, ihr Spiel ist aufeinander bezogen: Spielhandlungen der einen Partei beeinflussen die der Gegenpartei. Gemeinsamer Bezugspunkt ist in vielen Fällen der direkte (z.B. *„Schwarzer Peter"*) oder indirekte Punkt-/Leistungsvergleich (z.B. *„Brennball"*). In Spielen ohne Punkt-/Leistungsvergleich führt der Spielerfolg eines Spielers oder einer Mannschaft zum Rollenwechsel (z.B. *„Flipperball"*).

- Körperkontakt zwischen den gegnerischen Spielern ist ausgeschlossen.

- Kennzeichnend ist eine zumeist feste, komplementäre Rollenverteilung unter den Spielparteien: Wechsel der Spielrollen erfolgen nicht situativ und unvorhersehbar, sondern sind eindeutig durch Regeln festgelegt: Wechsel nach bestimmter Zeit, bei bestimmter Punktzahl, bei Abwurf eines Spielers, ...

- Die Kooperationsanforderungen reichen von
  - wünschenswert, aber nicht unbedingt erforderlich (z.B. *„Flipperball"*) bis
  - absolut notwendig zum Spielerfolg – in zumindest einer Spielpartei (z.B. *„Burgball"*).

- Es wird unterschieden zwischen Spielen
  - in getrenntem Spielfeld (vgl. Beispiel *„Brennball"*)
  - im gemeinsamen Spielfeld (vgl. Beispiel *„Jägerball"*).

Spieler räumlich getrennt

2.1 Flipperball

Alter: Ab 5 Jahren.
Gruppengröße: Gruppen mit jeweils 7–10 Spielern.
Materialien: Pro Gruppe 1–3 Softbälle.
Spielfeldaufbau: Bis auf einen Spieler (= *Bonus*) liegen alle im Kreis auf dem Bauch, Kopf zur Mitte gewandt.

Die liegenden Spieler versuchen, mit einem beidhändigen Wurf den im Kreis befindlichen Spieler abzuwerfen, um einen „Bonus" zu erhalten. „Lasst den Ball schnell wie eine Flipperkugel zwischen euch hin- und herfliegen!" Wurde der *Bonus*-Spieler getroffen, tauscht er mit dem erfolgreichen Werfer.

☞ *Hinweise*

- Nur zur *Einführung* zunächst mit einem Spieler in der Kreismitte sowie einem Ball beginnen. Dann die Anzahl der *Bonus*-Spieler auf 2 und 3 sowie die der Bälle auf mindestens 2 oder sogar 3 (je nach Spielerfähigkeiten) erhöhen (vgl. Abb. 6).

Abb. 6

- Halten einzelne Spieler zu lange den Ball, erneut auf die Spielidee hinweisen: „Schnell spielen – wie ein Flipper!"
- Bei geübteren Spielern und beim Spiel mit mehreren Bällen sollte auf dem Werfen mit beiden Händen bestanden werden, da sonst die Würfe (mit einer Hand) zu scharf und zu zielgenau werden, sodass die *Bonus*-Spieler kaum noch eine Chance zum Ausweichen haben. Bei jüngeren Kindern hingegen kann das Werfen mit einer Hand zugelassen werden, um ihre Trefferchancen zu erhöhen.
- Auch wenn bei diesem Spiel die Spieler noch nicht 'hart' werfen können und keiner Angst haben muss vor schmerzhaften Treffern, so gilt dennoch bereits hier – wie bei allen Spielen, in denen absichtlich ein anderer Spieler mit dem Ball getroffen werden soll –, eine wichtige Regel: Balltreffer dürfen nicht wehtun! Es müssen deshalb geeignete Bälle verwendet werden.
- *„Flipperball"* eignet sich, aufgrund der eingeschränkten Bewegungsmöglichkeiten sowie der guten Trefferchancen für alle, besonders gut jedoch für Spiele in sehr leistungsheterogenen Gruppen – wie z.B. mit behinderten Kindern. Vor allem aus diesem Grund habe ich es in diese Spielsammlung aufgenommen. Unter 'normalen' Bedingungen sollte das Spiel *nur* zur *Entspannung* nach einer schweißtreibenden Bewegungsphase eingesetzt werden.

2.2 Stinkeburg

Alter: Ab 7 Jahren.

Gruppengröße: Zwei Mannschaften (= *Burgverteidiger* und *Burgeroberer*) mit je 6–15 Spielern.

Materialien: Vier Bänke (= *„Burgmauern"*); vier kleine und/oder große Kästen. 10–15 gut prellende Gymnastik-, Hand- oder Softbälle (= *„Stinkbomben"*). 4–8 Markierungshütchen.

Spielfeldaufbau: Aus Bänken und Kästen wird eine „Burg" mit „Burghof" errichtet, um die ein „Wassergraben" markiert ist. Größe der „Burg" und Breite des „Wassergrabens" richten sich nach der Spieleranzahl und deren Wurfkraft (Vorschlag: vier Turnbänke im Quadrat, an den Ecken stehen Kästen als „Burgtürme").

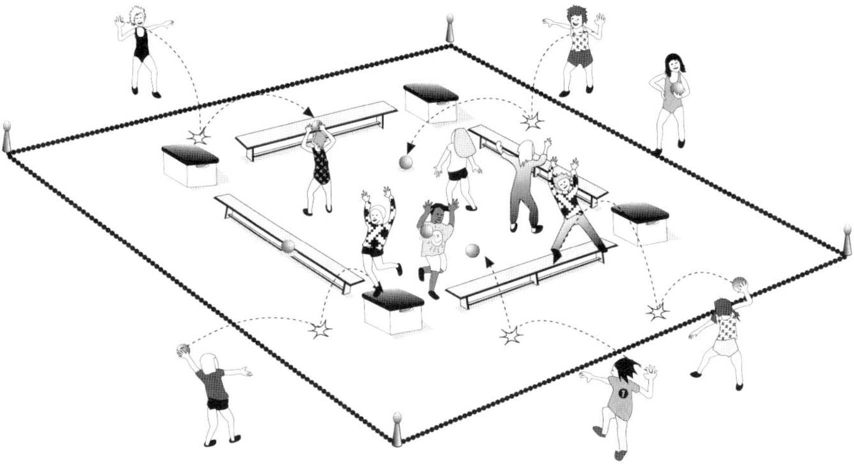

Abb. 7

Die *Burgeroberer* werfen „Stinkbomben" so über die „Burgmauern", dass sie im „Burghof" landen. Geworfen werden muss von außerhalb des „Wassergrabens". Regel für den Wurf ist weiterhin, dass der Ball mindestens einmal auftippt im „Wassergraben".

Die *Burgverteidiger* stehen in der „Burg" oder auf der „Burgmauer" und wehren die „Stinkbomben" ab. Gefangene oder im „Burghof" gelandete Bälle werfen sie wieder hinaus. Die *Burgeroberer* dürfen sich im „Burghof" liegen gebliebene Bälle selbst wieder herausholen.

Wertungsmöglichkeiten:

- Ohne Wertung: Rollentausch nach festgelegter Zeit oder nach einer bestimmten Anzahl von Treffern (z.B. 50), die vom Spielleiter mitgezählt werden.
- Vorgeben einer Anforderungsgröße: „Schafft jeder Werfer mindestens zehn Treffer (in zwei min)? Jeder zählt selbst – ehrlich (!) – seine erfolgreichen Würfe!"
- Wettkampf nach Zeit: Nach Ablauf einer bestimmten Zeit werden alle Bälle gezählt, die im Moment des Schlusssignals im Burghof liegen.

☞ *Hinweise*

- In einem gemeinsamen Gespräch verdeutlichen, dass Absprachen innerhalb der Spielgruppen helfen können, das eigene Spielhandeln zu verbessern:
  - „Wie haben die Werfer bessere Chancen zu treffen?“ (Mehrere Spieler werfen zugleich.)
  - „Wie kann erfolgreicher verteidigt werden?“ (Absprachen über Raumaufteilung!)
- Im Normalfall ermöglicht dieses Spiel ein bewegungsintensives und freudvolles Miteinander. In Lerngruppen mit negativ belasteten Beziehungen oder einer aktuell angespannten Atmosphäre kann es aber u.U. von einigen umfunktioniert werden zu einem absichtsvollen Abwerfen der *Burgverteidiger*. Das Spiel muss dann natürlich sofort unterbrochen werden. Schafft auch ein daran anschließendes Problemgespräch keine Abhilfe, muss auf das Spiel verzichtet werden, um Schlimme(re)s zu verhindern – auch wenn das wiederum einige 'stinkig' macht.

2.3 Schwarzer Peter

Alter:	Ab 8 Jahren.
Gruppengröße:	Zwei Mannschaften mit je 4–16 Spielern.
Materialien:	2–4 Basket- oder sonstige größere Bälle als Zielbälle (= „Schwarzer Peter“). Für jeden Spieler (nach Möglichkeit) einen Gymnastik-/Hand- oder Tennisball als Wurfball.
Spielfeldaufbau:	Beide Mannschaften stehen hinter zwei gegenüberliegenden Wurflinien (Abstand 9–12 m). Vor der Abwurflinie in etwa 1 m Entfernung ist jeweils eine Torlinie markiert.

Beide Mannschaften werfen von den gegenüberliegenden Seiten auf den „Schwarzen Peter“, der in der Mitte des Spielfeldes zwischen ihnen liegt – und den natürlich niemand haben möchte! Beide versuchen, den „Schwarzen Peter“ durch Treffer über die Torlinie der anderen Mannschaft zu treiben.

Regelmöglichkeiten zur Punktzählung:

- Sobald alle 2, 3, ... „Schwarzen Peter“ aus dem Spiel sind: „Stopp!“ (Vgl. aber ersten Hinweis!)

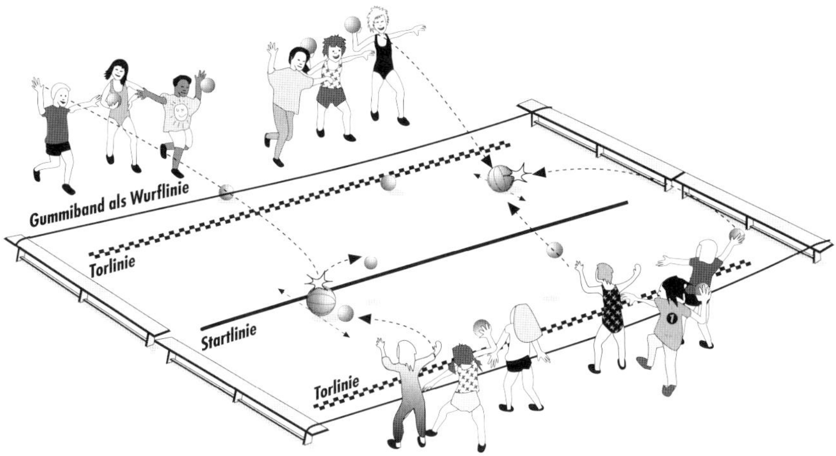

Abb. 8

- Für jeden „Schwarzen Peter", der über die gegnerische Linie rollt, bekommt die erfolgreiche Mannschaft einen Punkt.

  (Zur Organisation: Wurde die eigene Torlinie von einem „Schwarzen Peter" passiert, legt ein Spieler dieser Mannschaft den Ball auf den Startpunkt zurück; das Zielwerfen auf die übrigen Bälle geht unterdessen weiter. Aber: Auf den zum Start zurückgelegten „Schwarzen Peter" darf erst dann erneut geworfen werden, sobald sich der entsprechende Spieler wieder hinter seiner Abwurflinie befindet!)

☞ *Hinweise*

- Das Spiel sollte von Beginn an möglichst mit 2–4 Zielbällen gespielt werden: Dies entzerrt das Spielgeschehen und verhindert, dass sich die Spieler beim Wurf gegenseitig behindern.
- Die Abwurflinie deutlich markieren, weil im Spieleifer einfache Linien schnell übertreten werden (Neben einer gespannten Schnur bietet auch das Aufstellen von Bänken eine gute Orientierungshilfe.).
- Offene Seiten nach Möglichkeit schließen, um das Wegrollen der „Schwarzen Peter" zu vermeiden (Wand, Bänke, Kastenteile ...). Rollt der Ball dennoch ins Aus – Neubeginn in der Spielfeldmitte. (Startpunkte für die „Schwarzen Peter" auf der Startlinie am besten mit TESA-Krepp markieren.)

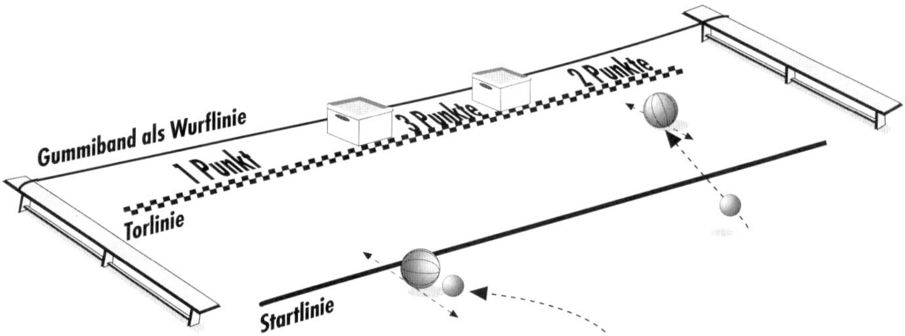

Abb. 9

⇒ *Variation*

- Schwarzer Peter mit Zielfeldern
  Ab 9 Jahren.
  Die Torlinien werden mittels kleiner Kästen oder Hütchen in drei Felder unterteilt. Je nachdem, in welchem Feld der „Schwarze Peter" die Torlinie überrollt, werden entsprechend 1, 2 oder 3 Punkte erzielt. Die Zielfelder können entweder gleich oder verschieden groß sein (vgl. Abb. 9).
  Beim Spiel mit mehreren Zielbällen sollten in jedem Fall mehrere Punktzähler eingesetzt werden! Vorschlag: Pro Team werden drei Spieler benannt, die selbst mitspielen und die jeweils für ein Zielfeld zuständig sind, um alle darin erzielten Treffer zu zählen.

  Impulse:
  - „Ich brauche drei ehrliche Zähler aus jeder Mannschaft: Wer glaubt, dieser Aufgabe gerecht zu werden?"
  - „Die Punktzähler sollten vor dem Zielfeld stehen bleiben, für das sie eingeteilt sind. Zählt, wie oft der Ball über eure Ziellinie rollt!" (Das Ausrechnen der Gesamtpunktzahl erfolgt zum Schluss gemeinsam.)

☞ *Hinweise*

- *„Schwarzer Peter"* beinhaltet neben der intensiven Übungsmöglichkeit zum Zielwerfen ausgezeichnete Differenzierungsgelegenheiten: Durch die unterschiedlich weit entfernten Zielbälle (vom Standpunkt der Werfer aus gesehen), die zudem verschieden schnell rollen, sind für jedes Leistungsniveau „passende" Anforderungsstufen gegeben. Nahe und langsam rollende Bälle sind eher das Zielobjekt der leistungsschwächeren Spieler, entferntere und schnellere Bälle mehr das der leistungsstärkeren.

- Ein „heißer Tip" zum Schluss: Wenn Sie über einen (nicht zu schweren) ***Physioball*** verfügen, probieren Sie das Spiel doch einmal damit! *„Schwarzer Peter"* wird dadurch zwar meist zu einem 'Endlosspiel', aber das (häufigere) Treffen des großen Balls vermehrt den Spielspaß!

2.4 Ehrlichkeitsball

Alter: Ab 9 Jahren.

Gruppengröße: Zwei Mannschaften mit je 6–15 Spielern.

Materialien: Weichmatten, große Kästen, 3–5 Bänke; 8–14 Softbälle.

Spielfeldaufbau: Ein Hindernisparcours wird im Abstand von 3–5 m *vor einer Hallenwand* aufgebaut, um das 'Wegfliegen' verworfener Bälle zu vermeiden. Parallel zum Hindernisparcours wird mit Bänken eine Wurflinie markiert. Der Abstand zwischen Werfen und Läufern richtet sich nach Alter und Wurffähigkeit der Spieler; in der Regel sollte er etwa 5–8 m betragen.

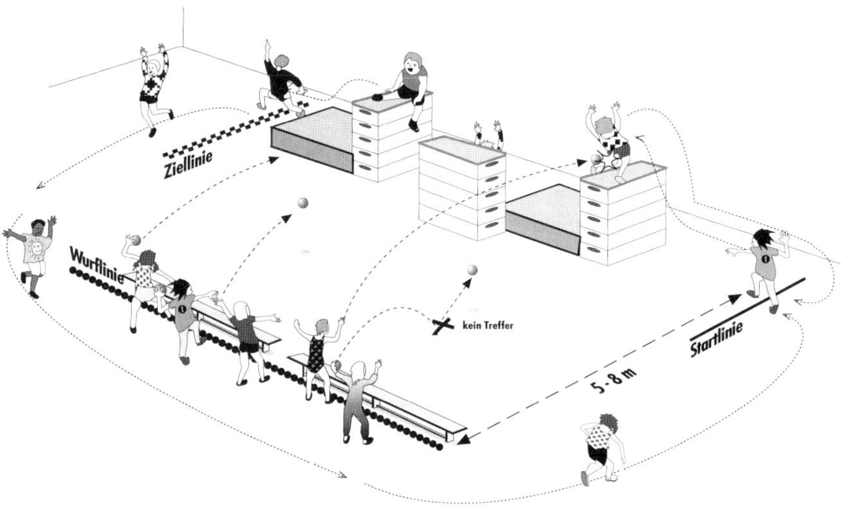

Abb. 10

Die Läufer versuchen in einer vorgegebenen Zeit (ca. drei min), den Hindernisparcours so oft wie möglich zu überwinden, ohne dabei von der Werferpartei getroffen zu werden.

Wer dies vom Start bis zum Ziel schafft, erhält einen Punkt für seine Mannschaft. Jeder Spieler zählt – „ehrlich!" – seine Punkte für sich allein (*Alternative: ohne* Punktzählung).

Wurde ein Läufer getroffen, geht er zwischen Parcours und Wand zurück zum Start. (Ob Treffer zählen oder nicht, wenn der Ball vor dem Körperkontakt den Boden berührt hat, muss vorher vereinbart werden.)
Nach Ablauf der Spielzeit erfolgt Rollenwechsel.

☞ *Hinweise*

- Das Spiel ist für die Läufer sehr belastend. Um keine Unfälle an den Hindernissen infolge von Erschöpfung zu provozieren, sollte die vorgeschlagene Spielzeit (drei min) nicht überschritten werden: lieber kürzere, dafür aber mehrere Spielrunden!
- *„Ehrlichkeitsball"* ist das erste Spiel dieser Sammlung aus einer ganzen Reihe von Treffballspielen, bei denen Gegenspieler mit dem Ball getroffen werden sollen. Für solche Spiele gilt eine unumstößliche Regel: Balltreffer dürfen nicht wehtun!!! Deshalb: unbedingt ***Softbälle*** verwenden! Sind solche nicht vorhanden: ähnlich weiche Ersatzbälle besorgen – oder auf das Spiel verzichten.
- Läufer einstimmen auf die Spielidee: „Ehrlich spielen und zählen ist das Schwierigste am Spiel!" Da eine genaue Kontrolle durch den Leiter oder die Mitspieler unmöglich ist, wird es je nach entwickelter 'Spielmoral' zu kleineren oder größeren Zwistigkeiten kommen („Du hast geschummelt!"), die zum Anlass für ein fruchtbares Gespräch über den Sinn des Spielens (und den des Schummelns!) genommen werden können. In der Regel jedoch bemühen sich die meisten um eine ehrliche Spielweise, sodass die roten Köpfe am Spielende meist eher von der Anstrengung als vom Ärger herrühren.

2.5 Treffen und Weglaufen

Alter: Ab 9 Jahren.
Gruppengröße: Zwei Mannschaften (*Treff* und *Lauf*) mit je 6–15 Spielern.
Materialien: 1–4 Softbälle.

Spielfeldaufbau: Zwei Mannschaften – eine im Spielfeld (ca. 15 x 10 m), die andere außen um das Spielfeld verteilt. In 5–15 m Entfernung vom Spielfeld werden zwei Freimale festgelegt.

Die Spieler der Mannschaft *Treff*, die sich um das Feld herum aufgestellt haben, versuchen die *Lauf*-Spieler abzuwerfen. Nach einer festgelegten Trefferzahl (z.B. 20) werden die Spielrollen getauscht.

Bleibt ein Ball im Feld liegen, darf ein *Treff* ihn herausholen.

Fängt ein *Lauf* jedoch den Ball aus der Luft, versucht er umgehend, einen *Treff* abzuwerfen. Bei Erfolg werden vorzeitig die Rollen gewechselt; hat er nicht getroffen, wird die ursprüngliche Spielrunde fortgesetzt.

Wichtig: Sobald ein *Lauf* den Ball fangen konnte, flüchten die *Treffs* sofort zu einem der beiden Freimale, um sich vor einem Abwurf zu retten.

☞ *Hinweise*

- Das Spiel mit einem Ball beginnen; sobald alle die Spielidee verstanden haben, wird es mit zwei Bällen fortgesetzt, um

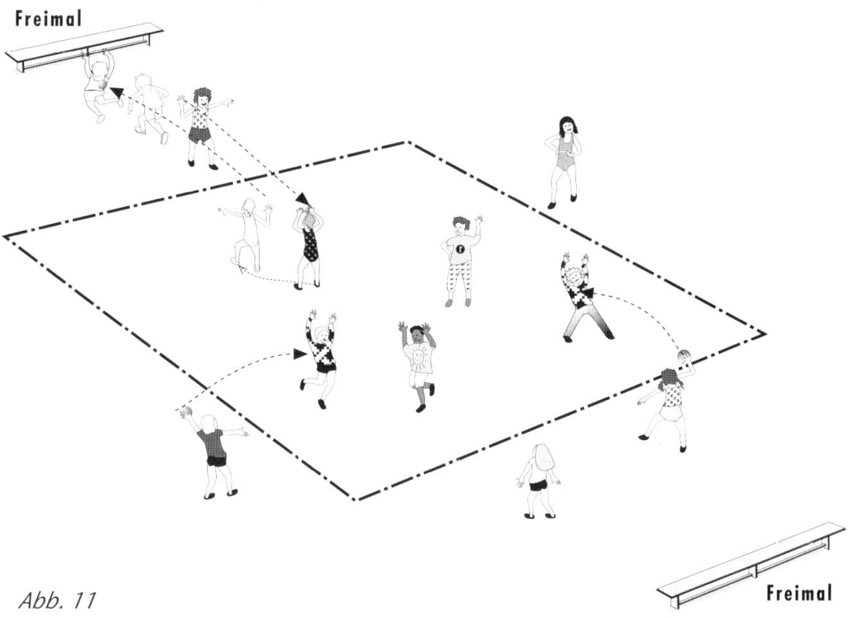

Abb. 11

1. die Bewegungsintensität zu erhöhen;
2. die Trefferchancen für schwächere Werfer zu vergrößern. Später kann auch mit drei und eventuell sogar mit vier Bällen gespielt werden. (Beachte: Vor allem beim Spiel mit mehreren Bällen darf das Wurffeld nicht zu klein sein, da sonst die Treffmöglichkeiten für die Werfer zu groß sind. Faustregel: Je mehr Bälle, desto größer das Feld.)

- Tip für die *Treff*-Spieler: „Wenn ihr beobachtet, dass ein *Lauf* den Ball gefangen hat, warnt eure Mitspieler mit einem lauten Ruf!" Dieser Hinweis hilft letztlich *allen* Spieler, den heiklen Moment des plötzlichen Tausches der Spielrollen besser nachzuvollziehen und umzusetzen.
- Durch den Aspekt des Rollentausches greift dieses Spiel dem dritten Abschnitt dieser Spielsammlung vor (vgl. Band 2). Dennoch gehört es in die zweite Spielegruppe, da der Wechsel der Spielrollen möglich, aber nicht zwingend und konstitutiv für das Spiel ist.

2.6 Burgball

Alter: Ab 9 Jahren.
Gruppengröße: 4–6 Spieler.
Materialien: Pro Gruppe drei Markierungshütchen/Kegel sowie einen Ball.
Spielfeldaufbau: Alle in Kreisaufstellung (Kreisdurchmesser 5–7 m) hinter einer Markierung, ein Spieler im Kreis (= *Burgwächter*). In der Kreismitte befindet sich die *„Burg"* (= Hütchen oder Kegel). (Zur Kreismarkierung vgl. *Hinweise* S. 49/50.)

Die außerhalb des Kreises stehenden Spieler versuchen, durch schnelles Zusammenspiel die „Burg" zu treffen, d.h. eines der Ziele umzuwerfen. Der *Burgwächter*, der dies verhindern soll, darf den Ball mit dem ganzen Körper abwehren. Wer ein Ziel umwirft, wird neuer *Burgwächter* (s. Abb. 12).

Die Kreislinie darf beim Werfen nicht übertreten werden.

⇒ *Variationen*

- Burgfahne abwerfen
  Ab 9 Jahren.
  Als „Burg" wird in der Mitte des Kreises ein Bock oder ein großer Kasten aufgestellt, auf den ein größerer Ball (= „Fahne") gelegt wird: „Werft die Fahne herunter." (s. Abb. 13, S. 78)

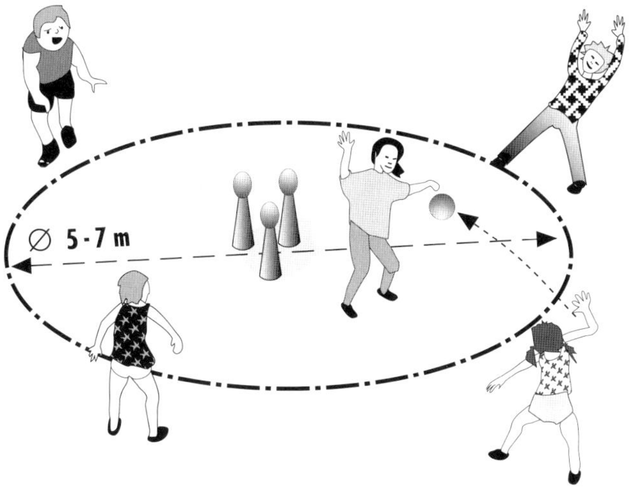

Abb. 12

☞ *Hinweis*
Bei dieser Form besteht die Gefahr von Würfen gegen den Kopf des *Burgwächters*: Auf jeden Fall ***weiche Bälle*** (am besten: Schaumstoffbälle) verwenden!

- Burgpalast treffen
  Ab 9 Jahren.
  In der Kreismitte steht ein Kasten (= „Burgpalast“).
  Der „Burgpalast“ muss durch *indirekte* Würfe (= Aufsetzerwürfe) getroffen werden.
  Alternative: An Stelle des Kastens einen Bock aufstellen. Die Forderung „Aufsetzerwürfe!“ wird aufgehoben; Ziel ist: „Trefft in eines der vier Tore des Burgpalastes!“ („Tor“ = Raum zwischen den Beinen des Bocks).

- Doppelwache
  Ab 10 Jahren.
  Aufbau wie in der Grundform. Gespielt wird jetzt aber mit zwei *Burgwächtern* und zwei Bällen.

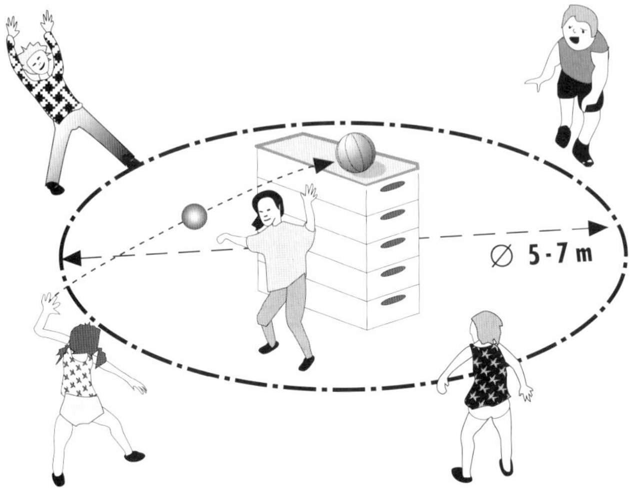

Abb.: 13

☞ *Hinweise*

- *Wächter 1* und *Wächter 2* bestimmen. Sobald ein Ziel umgeworfen wurde, verlässt *Wächter 1* den Kreis; *Wächter 2* wird zur *1*, der hereinkommende Spieler neuer *Wächter 2*.
- Das Spiel erfordert einen klaren Kopf, um die Übersicht zu behalten, da es manchmal etwas 'wild' dabei zugeht. Also: eher eine Spielform für Fortgeschrittene.

☞ *Hinweise (zu „Burgball" allgemein)*

- *„Burgball"* ist das erste Spiel dieser Sammlung, das ein koordiniertes Handeln innerhalb einer Spielgruppe erfordert, um zum gewünschten Handlungsziel zu kommen. Die Spieler erfahren hierbei sehr anschaulich, dass egoistisches Handeln nicht zum gewünschten Erfolg führt. Insofern vermittelt das Spiel auf nicht sprachliche Weise gleichermaßen die Notwendigkeit sowie die Vorteile 'sozialer' Handlungsweisen und hilft Kindern, ihre Deutungsweise des „Balls als Besitz" zu überwinden (vgl. *„Angemessenheit von Spiel und Alter - ...“*, S. 45); denn: „Nur schnelles Zusammenspiel verschafft eine Trefferchance!"

- Das Zusammenspielen in einer Mannschaft kann unter vereinfachten Spielbedingungen erfahren und erprobt werden, da noch keine 'Störung' durch eine Gegenpartei erfolgt.
- Voraussetzung für ein Gelingen dieses Spiels ist ein gewisses Maß grundlegender Fähigkeiten im Umgang mit dem Ball (Fangen und Zuspielen), da sonst ein koordiniertes Handeln der Außenspieler nicht zu Stande käme. Fehlen diese Voraussetzungen, sollte auf *„Burgball“* (wie auch auf die nächsten drei Spiele) solange verzichtet werden, bis die Kinder die dazu notwendigen Fähigkeiten anderwärtig erworben haben („Ball-Grundschule"[40], einfachere Spiele): Frust statt Lust an Ballspielen könnte sonst das ungewollte Lernergebnis sein.

2.7 Burgdieb

Alter: Ab 9 Jahren.
Gruppengröße: 4–6 Spieler.
Materialien: Pro Gruppe ein großer Kasten und ein Softball.
Spielfeldaufbau: Bis auf einen Spieler, der sich im Kreis aufhält (= *Burgdieb*), stehen alle außerhalb eines markierten Kreises (Durchmesser 5–7 m). In der Mitte befindet sich ein großer Kasten (= „Burg").

Die Außenspieler versuchen, den *Burgdieb* abzutreffen, der sich durch Verstecken hinter dem Kasten oder durch Fangen des Balls vor dem Abwurf retten kann. Fängt der *Burgdieb* den Ball, gibt er ihn an die Außenspieler zurück. Wer den *Dieb* abwirft, wechselt mit ihm die Spielrolle (s. Abb. 14, S. 80).

☞ *Hinweis*
Haben die Lernenden die Taktik des schnellen, mannschaftlichen Zusammenspieles erst einmal verstanden und den daraus resultierenden Genuss eines flüssigen Miteinanderspielens erfahren, dauert es manchmal erstaunlich lange, bis ihr 'Spielhunger' von dieser einfachen Spielidee gestillt ist (was auch für das nächste Spiel gilt).

---

40 Vgl. MÜLLER, 1995, a.a. O.

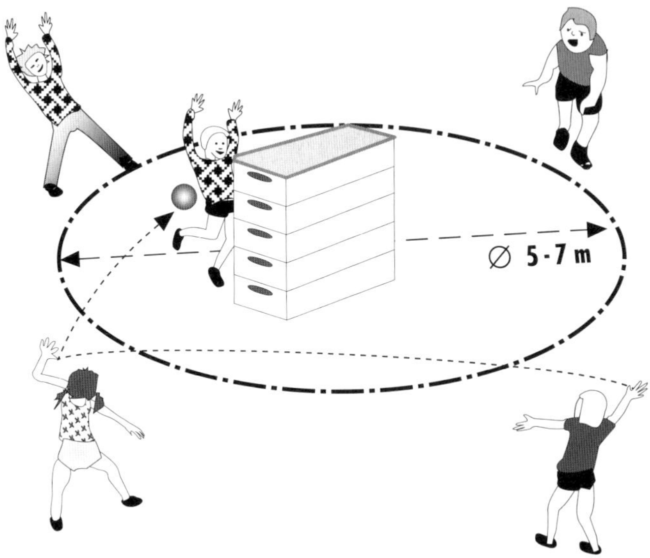

Abb. 14

2.8 Henne und Hühnerhabichte

Alter: Ab 9 Jahren.
Gruppengröße: 5–7 Spieler, davon je ein Spieler *Henne* und *Küken*, die übrigen 3–5 sind *Hühnerhabichte*.
Materialien: Pro Gruppe je ein Softball.
Spielfeldaufbau: Kreis mit einem Durchmesser von 5–7 m. Die *Hühnerhabichte* stehen außerhalb des Kreises, die *Henne* und ihr *Küken* innerhalb (s. Abb. 15).

Die *Hühnerhabichte* versuchen, das *Küken*, das sich hinter der *Henne* versteckt, abzutreffen. Die *Henne* schützt ihr *Küken*, indem sie die geworfenen Bälle abwehrt.
Hat ein *Hühnerhabicht* getroffen, wird er zum *Küken*, das *Küken* zur *Henne* und diese zum neuen *Hühnerhabicht*.

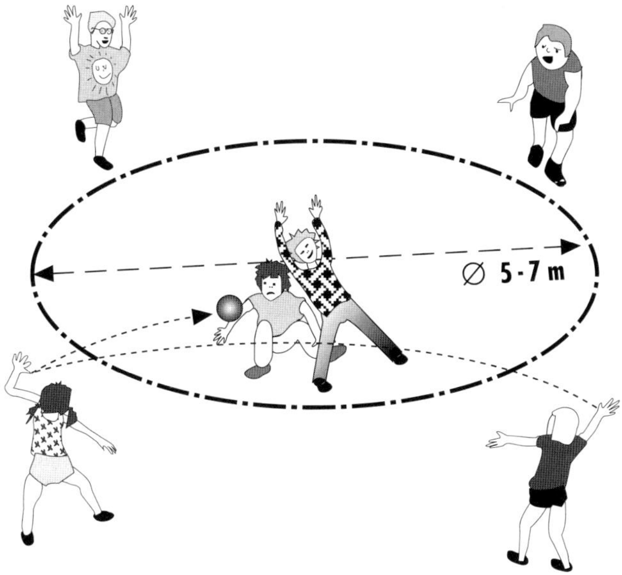

Abb. 15

2.9 Brennball

2.9.1 Vorbemerkungen

„Brennball" unterscheidet sich (ebenso wie *„Jägerball"*) beispielsweise von *„Ball-über-die-Schnur"* oder *„Völkerball"* durch seine feste Rollenaufteilung. Im Gegensatz zu den beiden letztgenannten Spielen, bei denen die Spielrolle beider Mannschaften situativ davon abhängt, wer in Ballbesitz ist, gibt es beim *„Brennball"* zwei prinzipiell verschiedenartige Rollen: Die *Läufer* versuchen, möglichst viele Punkte zu sammeln, die Aufgabe der *Fänger* bzw. *Brenner* ist darauf beschränkt, dies zu verhindern. Die Ausgeglichenheit des Spiels und die gerechte Aufteilung der Spielanteile wird durch einen Wechsel der Rollen bei Halbzeit hergestellt.

Diese **Unterschiedlichkeit der Spielrollen** beim *„Brennball"* hat **Vorteile:**

- Direkter körperlicher Kontakt ist ausgeschlossen. Es ist keinerlei Gefahr körperlich-unfairer Spielweise einzelner Spieler zu befürchten. Daher eignet sich *„Brennball"* hervorragend auch für sehr leistungsheterogene Spielgruppen.

- Eine direkte Vergleichbarkeit von Leistungen oder Spielhandlungen ist nicht möglich. Dadurch entfällt die Gefahr, insbesondere für leistungsschwächere Kinder, als „Versager" öffentlich bloßgestellt zu werden – auch wenn durch die Regelidee des „Verbranntseins" Misserfolge und „Blamage" für Einzelne möglich sind: Solche Spielfolgen jedoch erwachsen nur aus übersteigertem Risikoverhalten – spielt jemand „auf Nummer Sicher", kann er sich erfolgreich am Spielgeschehen beteiligen, ohne der Gefahr ausgesetzt zu sein, von Gegnern oder Mitspielern lächerlich gemacht oder in negativer Weise kritisiert zu werden!

- Die unterschiedliche Rollenstruktur erlaubt Abwandlungen auf jeweils beiden Seiten der Spielparteien, ohne dass dadurch die Spielidee zerstört bzw. das Spielziel verfälscht würde. Dieser – durch Spielidee und -struktur – vorgegebene Veränderungsspielraum eröffnet die Möglichkeit zur Überwindung eines eklatanten Mangels der traditionellen *„Brennball"*-Grundform: Beim Spiel in einer normalen Schulklasse mit 24–30 Schülern z.B. ist die Bewegungsbelastung sehr gering. Ein Läufer hat nach seinem Wurf vielleicht zwei kurze Sprintläufe zu absolvieren, dann steht er den Rest der Spielzeit als unbeteiligter Zuschauer seiner Mannschaft herum. Umgekehrt kann man auf der Fängerseite oftmals Kinder beobachten, die innerhalb einer Spielrunde sich einige Male nach dem Ball bücken, ihn einem der am Brennmal stehenden Spieler zuwerfen – und die übrige Zeit eher als spielkonsumierender Zuschauer denn als aktiver Spieler 'abstehen', weil entweder der Ball selten in ihre Richtung geworfen wird oder aber weil einzelne Spieler das Geschehen dominieren und den größten Anteil am Spielgeschehen an sich ziehen (als Spieler direkt am Brennmal z.B.).

  Die Mehrzahl der vorgestellten Variationsformen bietet Lösungsmöglichkeiten zur Überwindung der aufgezählten Spieldefizite. Ihre Absicht ist es,

  - die Bewegungsintensität und damit die körperliche Beanspruchung zu steigern,
  - das Zusammenspiel innerhalb der Gruppen zu fördern,
  - die Anzahl möglicher Spielhandlungen zu vermehren.

Zum Schluss werden Veränderungsmöglichkeiten aufgezeigt, die unter Umständen dort neue Spielreize vermitteln können, wo *„Brennball"* schon beinahe 'totgespielt' wurde.

Regelmöglichkeiten nach dem Baukastenprinzip kombinieren!
Viele der Veränderungsmöglichkeiten, die hier nacheinander als Einzelideen vorgestellt werden, können und sollten (!) miteinander kombiniert werden. So verwende ich beispielsweise in meinen Klassen bei Variationen für die *Brenner*-Partei so oft wie möglich die Regel *„Partner-Lauf"* (vgl. S. 94), da sie eine hohe Bewegungsintensität für die Läufer garantiert. Jeder Unterrichtende ist aufgerufen, *die* Form mit seinen Kindern zu (er)finden, die Spaß und Bewegungsintensität für alle in geglückter Weise verbindet.

Spiele mit Spielern gemeinsam verändern
Das Vorgehen des Lehrenden bei der Einführung von Spielveränderungen sollte – in idealtypischer Weise – nach Möglichkeit Folgendes sein:

1. Den Spielern im gemeinsamen Gespräch die negativen Spielaspekte bewusst machen:
   - „Sind alle mit dem Spiel zufrieden? Ist jeder nach seinem Gefühl genügend am Spiel beteiligt gewesen?"
   - „Habt ihr das Gefühl, euch richtig 'ausgespielt', d.h. ordentlich angestrengt zu haben?"
2. Verbesserungsvorschläge von den Kindern entwickeln lassen!
3. Da den Kindern auf Anhieb oft nur wenige spielbare Lösungen einfallen, sind wir schließlich mit dem Einführen neuer Spielformen gefordert: „Ich möchte euch heute eine Idee vorstellen, wie die Brenner-Partei mehr zu tun bekommt!"[41]

Schiedsrichtern beim Brennball – ein Vorschlag
Noch ein Wort zum Problem des Schiedsrichtens – denn wer graust sich in manchen Klassen bisweilen nicht ein wenig vor den ewigen Streitigkeiten, den in ihrem Gerechtigkeitsempfinden verletzten Kindern, den ewigen Kritteleien und Nörgeleien über unsere Schiedsrichterentscheidungen („Nein, das ist gemein, Franzi war überhaupt nicht verbrannt, Sie sind ja parteiisch!" usw.): Da 'brennt' in der Tat so manches Mal die Luft und das Spiel macht dann seinem Namen alle (Un-) Ehre ...

---

41 Für mich immer wieder erstaunlich: Manchmal finden Kinder anfangs nicht einmal etwas problematisch an der Spielform, sperren sich teilweise sogar gegen das Neue und erkennen (und genießen) erst nach alternativen Spielerfahrungen, was wir eigentlich gemeint haben!

Einen praktikablen Vorschlag zur Lösung dieses leidigen Problems bietet der Vorschlag des „Mannschaftssprechers" an (vgl. S. 33ff.):

1. Einen 'Oberschiedsrichter' (= Spielleiter) gibt es nicht. Alle Spieler sind grundsätzlich für das Schiedsrichten verantwortlich. Meint ein Spieler der Fängerpartei, dass ein Gegenspieler „verbrannt" sei, heißt für beide die Aufforderung: „Einigt euch untereinander!"
2. Gelingt dies nicht, so kommen die „Mannschaftssprecher" jeder Partei zusammen und suchen gemeinsam nach einer Lösung für den Streitfall. (TIP: Da beim *„Brennball"* sehr viele Aktionen gleichzeitig ablaufen – was es schwierig macht, den Überblick zu behalten –, hat es sich bewährt, dass die „Mannschaftssprecher" zur Unterstützung sich je einen „Berater" wählen.) Finden sie keine Einigung, so ist
3. das Spiel zu Ende!

Was vielleicht manchem Leser undurchführbar und utopisch anmutet: Es funktioniert tatsächlich! Die von uns an die Spieler übertragene Verantwortung für das Spiel mildert die Härte und Verbissenheit zwischen den beiden Mannschaften, die sich oft genug eher als unversöhnliche, feindlich gesinnte Gegner denn als Spielpartner verstehen: Jetzt ist es nicht mehr irgendein fremder, erwachsener Dritter, der dafür sorgt, dass sich niemand in die Haare gerät, sondern 'es sind zwei von *uns*'. Dies stärkt in ungeahnter Weise die Bereitschaft zur Konfliktregelung sowie die Entscheidungsfähigkeit aller Beteiligten – insbesondere jedoch die der Mannschaftssprecher. Zumal jeder weiß, was auf dem Spiel steht, wenn keine Einigung erzielt werden kann, und bei den wenigen Sportstunden, die von den allermeisten Kindern heiß herbeigesehnt werden, riskiert man nicht gern eine selbst verschuldete Enttäuschung.

(Eine etwas abgewandelte Lösung: Die Mannschaftssprecher spielen nicht mit, sondern leiten als feste Schiedsrichter das Spiel. Wenn Kinder dies so wünschen – und das tun sie manchmal, weil sie sich ganz und gar auf das Schiedsrichten konzentrieren wollen –, sollte man ihnen diese wichtige soziale Erfahrungsgelegenheit nicht vorenthalten: z.B. aus Sorge darüber, sie könnten sich in der Stunde zu wenig selbst bewegen.)

Punkte zählen – durch die Spieler

Ein Letztes zur Art des Punktezählens: Wenn man Kindern – ihren Voraussetzungen entsprechend – Selbständigkeit und Eigenverantwortung bei der Lösung ihrer Spielkonflikte zumutet: Warum dann nicht auch das Zählen der Punkte in ihre Hände legen?

Vorschläge:

1. Hinter dem Ziel wird ein Plakat ausgehängt und ein Stift bereitgelegt. Nach seinem Zieldurchlauf trägt jeder Spieler der *Läufer*-Partei seine Punkte darauf ein; kommen mehrere gleichzeitig ins Ziel, schreibt einer die addierten Punkte für alle Ankömmlinge auf.
2. Wird mit der *„Fängerpunktregel"* (vgl. S. 92) gespielt, zählt ein *Brenner*-Spieler alle gefangenen Würfe mit und trägt sie anschließend in die Spalte seiner Mannschaft.
3. Zum Zählen der Punkte melden sich freiwillig ein oder zwei Spieler (= „Punktezähler") aus beiden Parteien, die von sich glauben, „ehrlich und ohne schummeln" diese Aufgabe erfüllen zu können. (Wer Punkte für seine Mannschaft erzielt hat, sagt diese seinem „Zähler" an.)

2.9.2 Einführungsformen

Stoppball

Alter: Ab 7 Jahren.

Gruppengröße: Zwei Mannschaften (= *Fänger* und *Läufer*) mit je 6–15 Spielern.

Materialien: Vier Hütchen, ein kleiner Kasten, ein kleiner Ball.

Spielfeldaufbau: Die *Fänger*-Partei verteilt sich in einem rechteckigen Spielfeld, die andere steht hinter einer Startlinie (in Verlängerung einer Stirnseite des Spielfeldes). Im Feld der *Fänger* steht (nahe der Startlinie) der kleine Kasten (=„Stopp-Kasten") mit der Öffnung nach oben.

Der erste Spieler der *Läufer* wirft einen kleinen Ball ins Feld und läuft um die Markierungen des Feldes außen herum. Sobald die *Fänger* den Ball in den Kasten geworfen haben, rufen sie laut: „Stopp!" Der *Läufer* muss sofort anhalten. Er darf nach dem Wurf des nächsten *Läufers* weiterlaufen, muss aber bei „Stopp!" wieder seinen Lauf abbrechen (s. Abb. 16, S. 86).

Sind alle *Läufer* (mindestens) einmal gelaufen, wird gewechselt: Die *Fänger* werden nun zu *Läufern* und umgekehrt.

⇒ *Variation*

- Spiel mit Punkten
  Läufer, die mit ihrem eigenen Wurf ins Ziel kommen, erhalten zwei Punkte; wer zwischendurch stoppt, erhält einen Punkt.

Abb. 16

☞ *Hinweis*

Obwohl die Grundform als 'einzigen' Anreiz beinhaltet, einmal – möglichst ohne Stoppen – ums Feld zu laufen und keinen 'Wettkampfkitzel' durch das Zählen und Vergleichen von Punkten bietet, bereitet es jüngeren Kindern in der Regel einen Heidenspaß. Deshalb sollte man vor der Einführung einer Punktwertung die Grundidee (= Spiel ohne Punkte) erst richtig auskosten lassen und sich an der Spielfreude der Kinder mit erfreuen (vgl. Band 2 *„Behutsame Einführung des Wettkampfprinzips"*).

Rennball[42]

Alter: Ab 8 Jahren.

Gruppengröße: Zwei Mannschaften (= *Renner* und *Fänger*) mit je 6–15 Spielern.

Materialien: 10–12 Markierungshütchen, ein kleiner Kasten, ein kleiner Ball (oder andere Wurfgegenstände wie Tennisreifen, Reissäckchen, ...).

Spielfeldaufbau: Es wird in der Halle ein Laufkurs markiert, der mit Zahlenkarten von EINS bis ... versehen wird (vgl. Abb. 17). Nahe der Startlinie der *Renner*-Partei steht ein umgedrehter kleiner Kasten (= „Stopp-Kasten").

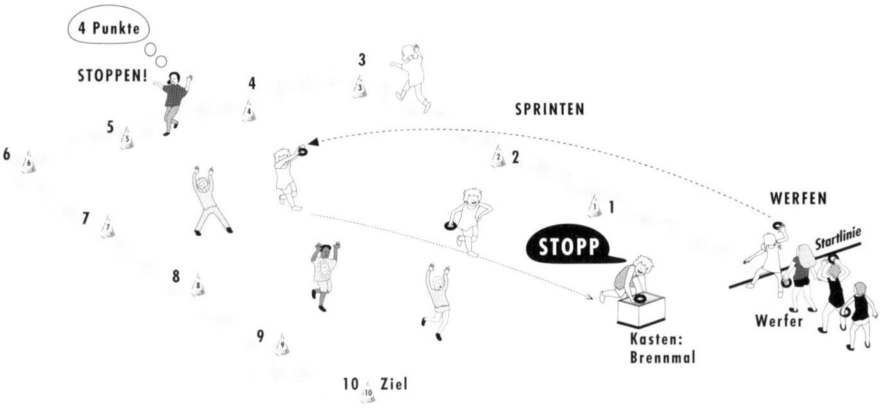

Abb. 17

Jeder Spieler der *Renner*-Mannschaft wirft den Ball so ins Spielfeld, dass die *Fänger* möglichst viel Zeit brauchen, um ihn in den kleinen Kasten zurückzubringen.

Nach seinem Wurf läuft der *Renner*, so schnell er kann, um den Laufkurs herum, um möglichst viele Punkte zu erlaufen. Denn sein Lauf gilt als beendet, sobald die *Fänger*-Mannschaft den Ball in den kleinen Kasten gelegt hat. Das in diesem Augenblick erreichte Markierungshütchen gilt als entsprechende Punktzahl für die *Renner*-Gruppe. Befindet sich ein Läufer im Moment des Stopprufes *zwischen* zwei Hütchen, zählt die Punktzahl der zuvor passierten Markierung.

Haben alle *Renner* mindestens einmal geworfen, tauschen *Renner* und *Fänger* die Spielrollen.

Gewonnen hat am Ende die Partei, die die meisten Punkte erlaufen konnte.

☞ *Hinweis*

Zur Erhöhung der Bewegungsintensität sollten mindestens zwei *Renner* zugleich starten. Noch mehr zu gleicher Zeit laufende Spieler bedeuten zwar eine höhere körperliche Belastung, erschweren aber auch die Aufgabe des Schiedsrichters immens: Allein kann selbst ein ausgeschlafener Spielleiter die Positionen von vier Läufern nicht mehr überblicken.

42 Vgl. KLUPSCH-SAHLMANN, R.: „Mit dem Ball kann ich's am besten!" In: sportpädagogik 6/93, S. 31ff.

Die – anzustrebende – Spielform mit drei oder vier gleichzeitig laufenden *Rennern* ist deshalb nur unter der Voraussetzung spielbar, wenn Kinder die Regel selbstverantwortlich beachten: „Jeder teilt dem Schiedsrichter nach seinem Lauf ehrlich mit, welches Hütchen man erreicht hat!"

(*Alternative:* Es werden Kinder als „Schiedsrichterhelfer" eingesetzt. Vgl. auch *„Vorbemerkungen"* S. 81.)

⇒ *Variation*

- **Farbregel**

  Ab 8 Jahren.

  Zwei, drei oder vier verschiedenfarbige Wurfobjekte. Die *Fänger* werden in ebenso viele (Farb-)Untergruppen eingeteilt – und mit entsprechenden Parteibändern markiert –, wie Wurfobjekte verwendet werden.

  2–4 *Renner* werfen gleichzeitig ins Spielfeld. Jede (Farb-)Untergruppe darf nur den gleichfarbenen Wurfgegenstand zum Kasten zurückbringen.

  Sobald der *letzte* Wurfgegenstand eingesammelt wurde, ruft einer der *Fänger* (oder der Spielleiter) laut „Stopp!" Die Punktwertung erfolgt wie in der Grundform.

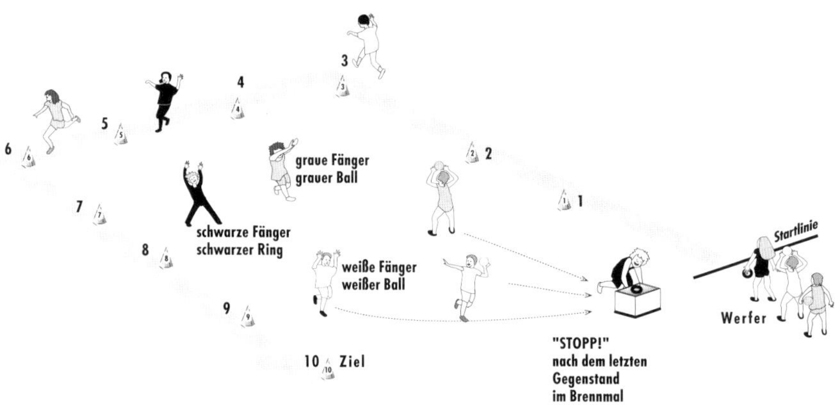

Abb. 18

☞ *Hinweis*

Die *„Farbregel"* intensiviert das Spielgeschehen für die *Fänger*-Mannschaft erheblich. Zumindest bei jüngeren Kindern sollte die Bildung von Untergruppen schrittweise aufgebaut werden: erst zwei, dann drei, ... Eine günstige Spieleranzahl für die Untergruppen – zum Einsammeln der Wurfobjekte und zum Absprechen von Spielstrategien – ist vier. Diese sollte deshalb als ideale Zielgröße angepeilt werden.

2.9.3 Grundform[43]

Alter: Ab 9 Jahren.

Gruppengröße: Zwei Mannschaften (*Läufer* und *Brenner*) mit je 6–15 Spielern.

Materialien: Gespielt wird in der Regel mit einem kleinen Ball (Tennis- oder Schlagball), möglich sind aber auch andere Wurfobjekte (Frisbee, Tennisring, ...).
4–6 Sprungständer oder Torstangen; ein kleiner Kasten oder ein Sprungbrett (*Alternative:* Kreis von etwa 1 m Durchmesser markieren.).

Spielfeldaufbau: Die Spielfeldgröße beträgt 15–20 m x 20–50 m. Die Sprungständer werden als „Freimale" aufgestellt (vgl. Abb. 19, S. 90). Etwa 4 m von der Wurfmallinie entfernt befindet sich das „Brennmal" (= kleiner Kasten).
Die *Läufer* stehen hinter der Abwurflinie außerhalb des Spielfeldes, die *Brenner* verteilen sich im Spielfeld.

Grundidee

Zwei Mannschaften spielen gegeneinander – *Läufer* und *Brenner*. Aufgabe der *Läufer* ist es, nach einem Wurf in das Spielfeld so schnell wie möglich um die Laufstrecke herum zum Ziel zu laufen. Die *Brenner* hingegen müssen den Ball nach dem Fangen in kürzester Zeit zum „Brennmal" befördern und es mit dem Ball berühren; denn danach darf der *Läufer* seinen Lauf nicht fortsetzen.

---

[43] Die Beschreibung der Grundform orientiert sich an der Fassung von DÖBLER. Vgl. DÖBLER, E. und H.: Kleine Ballspiele. Berlin 1992, S. 265-266.
Da die Aufteilung in zwei Mannschaften sowie der Aufbau des Spielfeldes bei den meisten der hier vorgestellten Spielformen identisch ist, erfolgen Hinweise darauf nur noch bei Abweichungen.

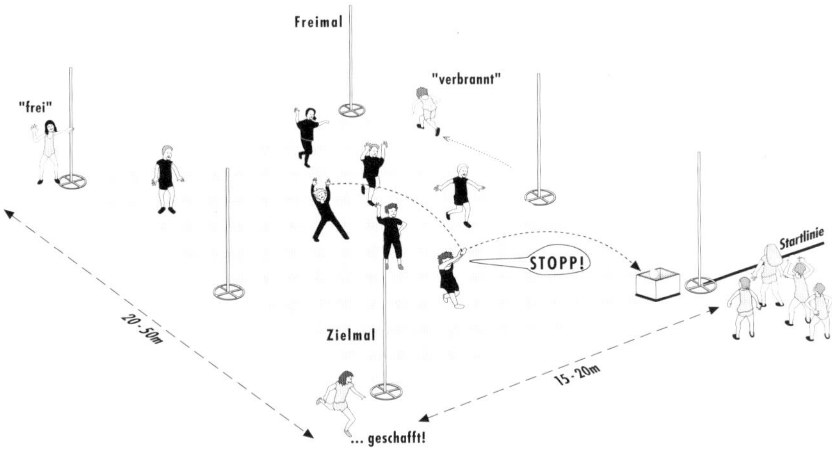

Abb. 19

Ziel der *Brenner* ist es darüber hinaus, Spieler der *Läufer*-Partei zu „verbrennen“: Hat ein *Läufer* nämlich noch nicht das Ziel erreicht oder sich nicht durch Berühren eines der „Freimale“ in Sicherheit gebracht (befindet er sich also gerade *zwischen* zwei Freimalen), gilt er als „verbrannt“.

Hat jeder Spieler der *Läufer*-Partei (mindestens) einmal geworfen, tauschen *Brenner* und *Läufer* die Rollen.

Regelmöglichkeiten

Vorbemerkung

Die genauen Spielregeln weichen in vielen Spielebeschreibungen ein wenig voneinander ab. Die nachfolgend aufgeführten Regeln sind deshalb *Möglichkeiten* unter vielen anderen – die sich in der Praxis jedoch gut bewährt haben und deren Vorteile ich einzeln benennen werde.

Punktwertung

Schafft ein *Läufer* mit seinem eigenen Wurf einen **Lauf ohne Unterbrechung** um das ganze Spielfeld, erhält er für seine Mannschaft **drei Punkte**; hat er seinen Lauf mindestens einmal durch Festhalten am Freimal **unterbrochen**, bekommt er **einen Punkt**.

Oder noch differenzierter:

– Feld umlaufen ohne festhalten	=	4 Punkte
– Feld umlaufen mit einmal festhalten	=	3 Punkte
– Feld umlaufen mit zweimal festhalten	=	2 Punkte
– Feld umlaufen mit mindestens dreimal festhalten	=	1 Punkt

(Die unterschiedliche Punktwertung erhöht den Anreiz und das Risiko für die Werfer und steigert auf diese Weise die Spannung des Spiels.)

„Verbrannt"-Regel

Wurde ein ***Läufer* „verbrannt"**, zählt dies als **ein Punkt für die *Brenner***, und er muss zurück zum Start, von wo aus er beim Wurf des nächsten *Läufers* erneut loslaufen darf (und beim Erreichen der Ziellinie dann einen Punkt erhält). Auch wenn ein *Läufer* mehr als einmal „verbrannt" wird, darf er immer wieder von neuem mitlaufen.

(In vielen Spielfassungen müssen „verbrannte" Spieler aus der jeweiligen Spielrunde sofort ausscheiden und bis zum Schluss zuschauen. Diese 'harte' Regel mindert zum einen die Risikobereitschaft der *Läufer*, und zum anderen erhöht sie die Bereitschaft negativer Reaktionen der Mitspieler („Du bist schuld, dass wir verloren haben!"), da das endgültige „Verbranntwerden" stärkere Konsequenzen für das Endergebnis nach sich zieht, als wenn Spieler ihren Fehler wieder wettmachen können. Außerdem schmerzt das „Verbrennen" nicht gar so sehr, wenn es anschließend durch ein kleines Erfolgserlebnis – nämlich einen Punkt für das Erreichen des Ziels zu erhalten – 'gekühlt' wird.

Wem die hier vorgeschlagene Regel für den Fall des „Verbranntseins" immer noch als zu 'hart' erscheint, der könnte festlegen: „Der Verbrannte muss zum zuletzt passierten Freimal zurückgehen und von dort aus beim nächsten Wurf seines Mitspielers weiterlaufen."

Extrawurf

Extrawürfe gibt es nur für die *Läufer*-Partei: Nachdem alle *Läufer* einmal geworfen haben, erhalten ein oder zwei von ihnen am Schluss einen zusätzlichen Wurf.

(Dadurch erhalten die letzten *Läufer* die Chance, auch mit Unterbrechung ihres Laufes ins Ziel zu kommen und einen Punkt für ihr Team einzusammeln.)

Fängerpunkt

Die *Brenner*-Mannschaft erhält einen Punkt, wenn einer ihrer Spieler den Ball direkt aus der Luft – d.h. ohne vorherige Bodenberührung – fangen kann.

(Vordergründig wird ein Anreiz zum Fangen geboten; der größere Reiz der Regel liegt aber darin, dass eine Offenheit des Spielausgangs gewahrt bleibt, da die *Brenner*-Partei aus eigener Kraft noch Punkte sammeln kann, nachdem sie bereits die *Läufer*-Rolle innegehabt hatte.)

Wurfregel

Diese Regel ist nur beim Spiel im Freien auf unbegrenzten Plätzen bedeutsam (auf dem Hof z.B.; vgl. Abb. 20):

Der Ball darf auf *direkte* Weise nur über die hintere Spielfeldlinie das Feld verlassen, auf *indirekte* (d.h. mindestens einen Bodenkontakt im Spielfeld) jedoch auch über die Seitenlinien.

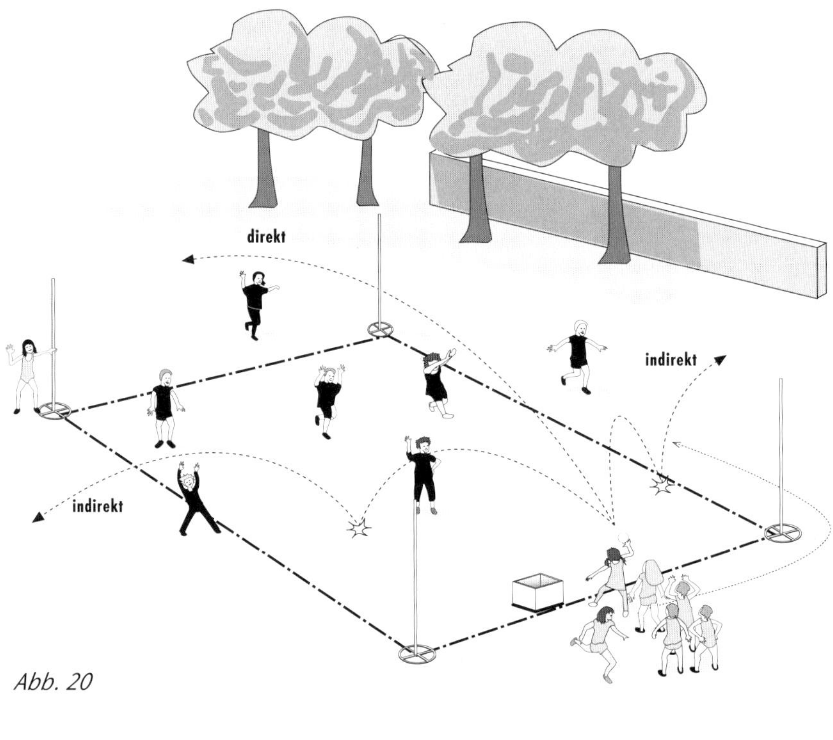

Abb. 20

Überschreitet ein Wurf dennoch die Seitenlinie und sind die übrigen Mitspieler schon losgelaufen, müssen alle zurück zu ihrer Ablaufstelle und der *Läufer* darf seinen Wurf einmal wiederholen. Beim nächsten Fehlwurf verliert er sein Wurfrecht, darf aber mit dem nächsten *Läufer* mitlaufen.

(Bei offenen Spielfeldern wären die Chancen der *Brenner* zum schnellen Einsammeln des Balls recht gering. Und da Sportunterricht im Sommer häufig auf dem Schulhof stattfindet, gäbe es bei der Wurfmöglichkkeit über die Seitenlinie ungeahnte, aber den Regeln gerechte Gelegenheiten zum unwiederbringlichen Wurf: in die Büsche, aufs Dach, ins offene Fenster, ...)

Aufenthaltsgenehmigung

An jedem Freimal dürfen sich nicht mehr als drei *Läufer* gleichzeitig aufhalten. Sind es mehr, erfolgt ein vorzeitiger Rollentausch zwischen *Läufern* und *Brennern*.

(Diese Regel sollte erst bei alten 'Brennball-Hasen' als zusätzliche Spielerschwernis eingeführt werden; jüngere Kinder oder Anfänger sind sonst mit der Spielübersicht und -orientierung schnell überfordert und spielen nur noch 'kopflos'.

Die Regel provoziert taktische Überlegungen innerhalb der *Läufer*-Mannschaft: Wie teilen wir unsere Spieler so geschickt ein, dass jeder immer wieder die Gelegenheit zum Weiterlaufen erhält?)

Abschließende Anmerkung

Diese Regeln können selbstredend jederzeit auch auf die folgenden Variationen angewandt werden. In welcher Kombinationsweise und in welchem Umfang dies vorgenommen wird, liegt im Ermessen der Lehrenden. (Zum Beispiel verwende ich die Regel *„Extrawürfe"* bei der Mehrzahl der *„Brennball"*-Spielformen, erwähne sie in den weiteren Spielebeschreibungen aber nicht mehr.)

2.9.4 Veränderungen der Grundform

Veränderungen für die Läufer-Partei

Zusatzaufgaben für „Verbrannte"

Ab 9 Jahren.

„Verbrannte" Spieler müssen erst Zusatzaufgaben zum Erlösen ausführen, bevor sie wieder mit einem anderen *Läufer* (vom Start aus) mitlaufen dürfen

– z.B. zehnmal Seilspringen, dreimal in einen Basketballkorb treffen, zwei Runden zusätzlich ums Spielfeld laufen, ...

Das Spiel läuft weiter, währenddessen der „Verbrannte" seine Aufgabe erfüllt.

Partnerlauf

Ab 9 Jahren.

Die *Läufer* bilden Partnergruppen (A und B, C und D, ...).

A und B laufen in jeder Spielrunde (mindestens) zweimal zusammen: Beim ersten Mal wirft A und B läuft mit, beim zweiten Mal umgekehrt. Ist der ursprüngliche Partner (hier A) noch nicht durchs Ziel – was in der Spielpraxis jedoch selten vorkommt –, wartet B auf ihn, oder er sucht sich einen anderen 'Single'-Mitspieler seiner Gruppe, der bereits geworfen hat (vgl. Abb. 21).

⇒ *Variationen*

- Doppel- und Quattrowurf
  Jeder Läufer wirft mit einem Ball bzw. zwei Bällen (vgl. *„Gewitter-Brennball"*, S. 105)
- Hand in Hand
  Die Läufer müssen sich beim Laufen an den Händen fassen (= gemeinsame Punktwertung!).

Abb. 21

- Junge und Mädchen
  Jeweils ein Junge und ein Mädchen bilden eine Partnergruppe (die Pärchen entweder *ohne* oder *mit* Handfassung). Da die zahlenmäßige Verteilung von Jungen und Mädchen selten glatt aufgeht, laufen 'überzählige' Jungen oder Mädchen mit einem gleichgeschlechtlichen Partner.

  ☞ *Hinweis*
  Voraussetzung für diese Variante ist ein gutes Gruppenklima: sind Jungen und Mädchen „wie Hund und Katze", kann die Idee heftige Abwehr hervorrufen. Also: mit Fingerspitzengefühl!

- Gruppenlauf
  Es laufen drei oder vier Spieler gleichzeitig los, nachdem *einer* von ihnen geworfen hat.
  Die *Läufer*-Partei erhält insgesamt 20 Würfe: Jeder Spieler muss mindestens einmal geworfen haben; die Verteilung der übrigen Würfe bleibt der Gruppe überlassen.
  Läufer, die im Ziel sind, können sich beliebig zu neuen Gruppen zusammenfinden und erneut laufen, wenn sie wieder an der Reihe sind – oder falls die anfänglichen Mitspieler noch 'unterwegs' sind (Es muss also nicht gewartet werden!).

Massenlauf
Ab 9 Jahren.
Es werden innerhalb der *Läufer*-Mannschaft 2–5 feste Werfer bestimmt, die – je nach Vereinbarung – ein- bis dreimal Wurfrecht haben (vgl. Abb. 22, S. 96).
Bei jedem Wurf eines ihrer Werfer starten alle übrigen *Läufer* gleichzeitig los. Nach dem Erreichen des Ziels dürfen die *Läufer* erneut starten – so oft, bis der letzte Werfer seinen letzten Wurf ausgeführt hat. Die Werfer versuchen nach ihrem letzten Wurf, ebenfalls das Spielfeld zu umlaufen.

☞ *Hinweise*
- Die ungewöhnlich große Anzahl gleichzeitig loslaufender Spieler erfordert
  a) eine genügend weiträumige Lauffläche (deshalb eher für den Hof geeignet) sowie
  b) eine größere Anzahl von Freimalen als normalerweise (Vorschlag: acht Male).

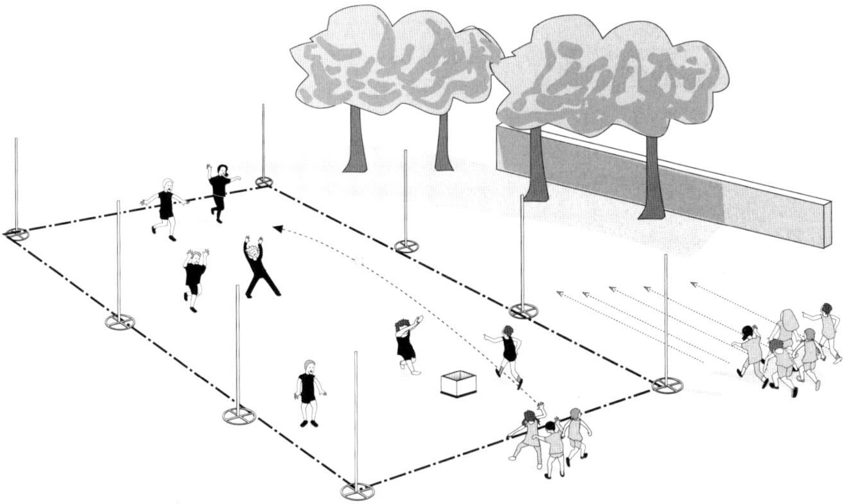

Abb. 22

- Spielt man es dennoch in der Halle, sind Matten als Freimale zu empfehlen, weil dadurch zu große Enge und heftige Drängeleien weitgehend vermieden werden.
- Es sollten *mindestens* zwei Spielrunden durchgeführt werden, damit nach Möglichkeit viele Spieler die Werferaufgabe übernehmen müssen. (Regel: „Wer schon einmal Werfer war, *muss* laufen!")

Hindernis-Brennball

Ab 9 Jahren.

Die Spielidee besteht darin, dass für die *Läufer*-Partei das Umlaufen des Spielfeldes durch Hindernisse erschwert wird (s. Abb. 23, S. 97)

☞ *Hinweise*

❶ Methodische Hinweise zum Geräteaufbau

„Hindernis-Brennball" erfreut sich außerordentlicher Beliebtheit unter Schülern. Jede Klasse sollte deshalb zumindest einmal im Verlauf ihrer 'Schulkarriere' Erfahrungen damit sammeln können.

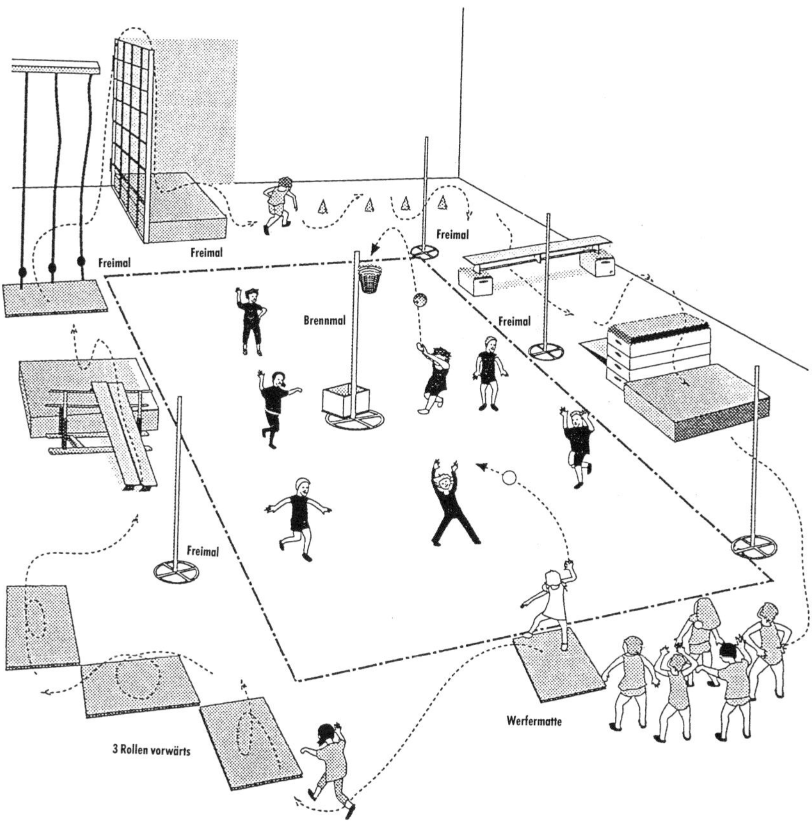

Abb. 23

Für die Konstruktion der Gerätehindernisse stehen zwei grundsätzliche Vorgehensweisen zur Verfügung: entweder die Lehrperson ersinnt sie allein am Schreibtisch oder aber die Schüler werden in die Planungsarbeit mit einbezogen, sodass sie 'ihre' Hindernisbahn entwickeln können.

Entscheidet man sich für die zweite Verfahrensweise, sollten einige Knackstellen dieser Methode beachtet werden:

a) *Einführung der Spielidee:* „Das Umlaufen des Spielfeldes soll erschwert werden durch Hindernisse. Auch das Freimal selbst kann ein Hindernis sein. *Aber:* Jeder muss die Hindernisse ohne größere Probleme überwinden können und es muss auch bei schnellem Laufen sicher und ungefährlich sein!“
b) *Konstruktionsphase:* Spieler machen Vorschläge, diskutieren diese unter Beachtung der obigen Kriterien; ihre Lösungen werden in einen Spielfeldplan (Wandpapier) eingezeichnet.
c) *Regeln vereinbaren:* „Wie soll bzw. darf man die Hindernisse überwinden? Ist an oder auf bestimmten Geräten frei?“
d) *Geräteaufbau:* Die Spieler bauen die Geräte mit Hilfe des gemeinsam abgesprochenen Plans auf. (Eventuell Gruppen für einzelne Gerätestationen einteilen!)
e) *Erprobungsphase:* Alle überqueren probeweise einmal den Parcours: „Ist irgend etwas zu schwierig oder zu gefährlich?“ Bei Bedenken des Spielleiters oder der Kinder werden Umbauten vorgenommen.
f) *Spiel*
g) *Reflexionsphase im Anschluss ans Spiel:* „Hat sich der Aufbau bewährt?“ „Habt ihr Vorschläge für weitere Hindernisse, Umbauten oder Regelveränderungen?“

Mit Kindern die Hindernisstrecke gemeinsam zu planen, kostet Zeit. Hat man diese nicht oder möchte man nicht so viel Zeit investieren, bieten sich folgende Vorgehensweisen an:

- Ein oder mehrere Spieler entwerfen einen Plan als Hausaufgabe.
- Ist der Sportlehrer nicht nur Fachkraft, erfolgt die Planung gemeinsam in der Klasse – z.B. in der Deutschstunde (Lernziel: „sachbezogenes Sprechen und Diskutieren“).
- Es werden 5–7 Gruppen gebildet, denen jeweils ein Platz in der Halle zugewiesen wird (möglichst anhand eines Lageplans veranschaulichen!), an dem sie ihre Hindernisidee aufbauen: „Baut nicht zu kompliziert! *Jeder* muss es gefahrlos schaffen können!“

❷ Handicaps für Brenner

Das Überwinden der Hindernisse benötigt mehr Zeit als das normale Umlaufen des Spielfeldes. Damit die *Läufer* überhaupt die Chance haben, ein längeres Stück des Weges zurückzulegen, müssen die *Brenner* ein Handicap auferlegt bekommen.

Beispiele:

- Der *Läufer* wirft drei oder vier Bälle auf einmal. Erst wenn der letzte Ball im Brennmal ist: „Stopp!"
- Die *Brenner* legen den Werferball ins Brennmal (= kleiner Kasten), entnehmen daraus einen Basketball, der anschließend in einen Basketballkorb geworfen werden muss.

Brennball mit Rettungsmatte

Ab 10 Jahren.

Vier Markierungshütchen zur Kennzeichnung des Spielfeldes; ein kleiner Kasten; 3–5 Turnmatten (= „Rettungsmatten").

3–4 Spieler laufen mit einer Turnmatte – an den Trageschlaufen oder den Ecken haltend – um das Spielfeld, nachdem einer von ihnen geworfen hat. Die Matten gelten als bewegliche Freimale: Droht das „Verbrennen", stellen sich die Spieler auf die Matte und sind frei. Jeder Spieler, der sich zu spät auf die „Rettungsmatte" stellt, ist „verbrannt" (= ein Punkt für die *Brenner*-Partei). Die Gruppe eines 'Zu-spät-Gekommenen' muss aber nicht an den Start zurückkehren, sondern setzt ihren Lauf von der letzten Spielfeldecke aus fort. Für jeden durchs Ziel kommenden Mattenträger erhält die Mannschaft einen Punkt.

Haben alle Spieler der *Läufer*-Partei einmal geworfen – Rollenwechsel mit den *Brennern* (vgl. Abb. 24).

Abb. 24

⇒ *Variationen*

- Alle startenden Mattenträger werfen gleichzeitig mit einem Ball. Erst wenn der letzte Ball im Brennmal ist, dürfen die *Brenner* „Stopp!" rufen. (vgl. *„Gewitter-Brennball"*, S. 105).
- Die Wurfanzahl pro Spielrunde wird vorher festgelegt (z.B. auf 10): „Wie viele Punkte hat jede Gruppe gesammelt?"
- „Wie viele Wurfdurchgänge benötigt die jeweilige *Läufer*-Partei, bis alle Mattenträger-Teams dreimal herumgelaufen sind?"

☞ *Hinweise*

- Freiregelung eindeutig klären: „Kein Körperteil darf am Boden sein, sonst ist man verbrannt!"
- Die Laufstrecke sollte kürzer als beim normalen *„Brennball"* sein, da die körperliche Belastung durch das Tragen der Matte erheblich höher ist. Außerdem muss gewährleistet sein, dass für die Mattenträger genügend Platz (auch zum Überholen!) zur Verfügung steht.

Veränderungen für die Brenner-Partei

Mit mehreren Brennmalen

Ab 10 Jahren.

2–4 Brennmale (z.B. Sprungbretter) im Spielfeld verteilen.

Jedes Mal muss mit dem Ball berührt werden. Erst nach Berühren des letzten Mals darf die *Brenner*-Mannschaft „Stopp!" rufen. Die Reihenfolge der Malberührungen ist beliebig (vgl. Abb. 25).

⇒ *Variationen*

- Brennmale in Reihenfolge
  Ab 10 Jahren.
  Die Brennmale werden nummeriert von eins bis ... In dieser Reihenfolge müssen sie jetzt von den *Brennern* berührt werden.

- In jedes Brennmal einen!
  Ab 10 Jahren.
  Die Anzahl der Bälle für die *Läufer* und die der Freimale (= umgedrehte kleine Kästen) ist identisch.

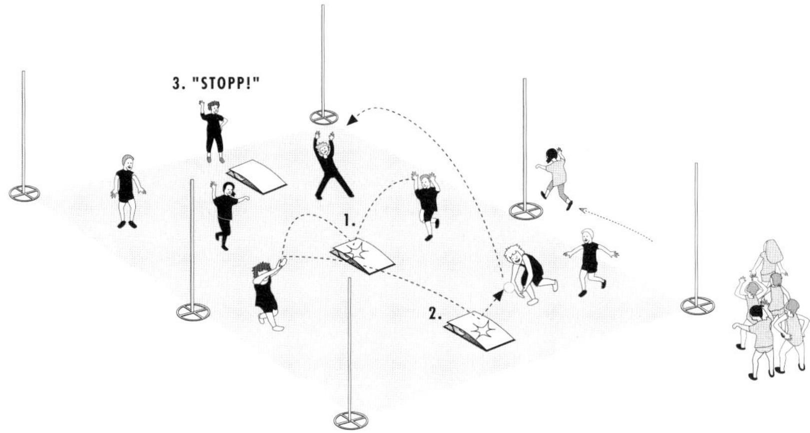

Abb. 25

2–4 *Läufer* werfen zugleich mit einem Ball. Die Aufgabe für die *Brenner*-Partei lautet: „In jedem Freimal muss *ein* Ball liegen, bevor ihr Stopp rufen könnt!"

☞ *Hinweis*

- Das Zuordnen der Bälle erfordert Orientierungsfähigkeit und Spielübersicht von den *Brennern.* Möchte man sie mit dieser Anforderung nicht allein lassen und ihnen von Anfang an eine Lösungshilfe geben, empfiehlt sich folgender Impuls: „Überlegt euch, wie ihr für eure Mitspieler kennzeichnet, dass in einem Brennmal bereits ein Ball liegt! Beispiel: Es könnte sich beispielsweise ein Spieler auf den Kasten setzen."

Mit mehreren Brennern

- Dreierfang

  Ab 10 Jahren.

  Der Ball muss vor dem Berühren des Brennmals von drei verschiedenen *Brennern* gefangen werden. Als „gefangen" zählt nur, wenn ein Spieler den Ball sicher (kurz) in beiden Händen hält. Ein Spieler der *Läufer*-Partei zählt laut die Ballkontakte der *Brenner* mit, um seinen Mitspielern dadurch Entscheidungshilfen für ihr Spielverhalten beim Laufen zukommen zu lassen (s. Abb. 26, S. 102).

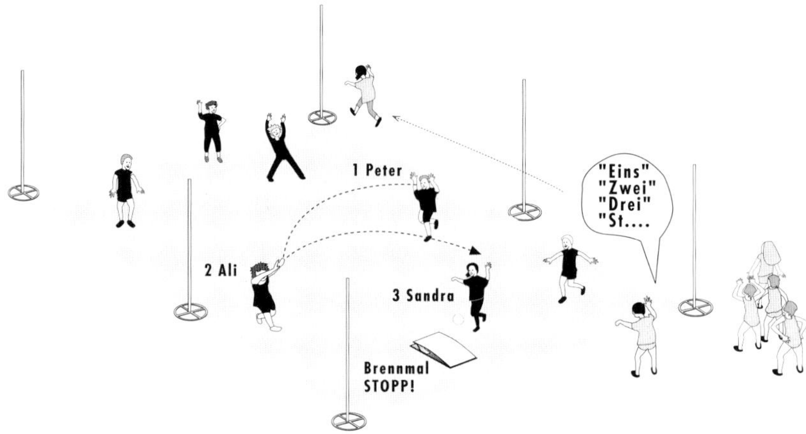

Abb. 26

- Dritter Brenner = Stopp!
  Ab 10 Jahren.
  Es gibt kein festes Brennmal mehr.
  Sobald der dritte *Brenner* den Ball gefangen hat: „Stopp!" (s. Abb. 27)

  Erweiterungen:
  a) Ein *Brenner* rollt den Ball sich selbst sowie einem weiteren *Brenner* durch die Beine, der dritte nimmt den Ball auf, hält ihn hoch und ruft „Stopp!"
  b) Der dritte Brenner wird festgelegt: „Als dritter Brenner muss immer Paul den Ball bekommen und Stopp rufen."

  ☞ *Hinweis*
  Diese Spielform eignet sich sehr gut zur Integration leistungsschwacher, behinderter oder kranker Kinder.

- Oberbrenner
  Ab 10 Jahren.
  2–4 Spieler der *Brenner*-Partei werden als *Oberbrenner* benannt und mit Parteibändern markiert.
  Regel: Sobald alle *Oberbrenner* den Ball einmal gefangen haben: „Stopp!" (s. Abb. 28, S. 104)

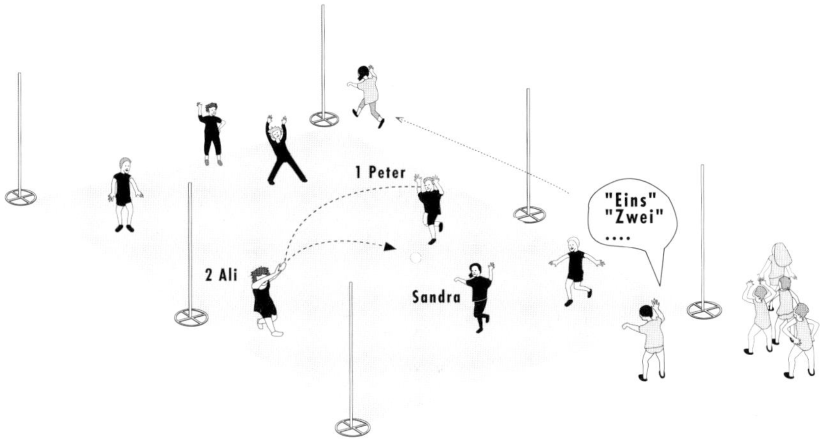

Abb. 27

Drei Organisationsformen stehen zur Auswahl:

a) Die *Oberbrenner* verteilen und bewegen sich nach Belieben im Feld.

b) Das Spielfeld wird in ebenso viele, gleich große Zonen unterteilt, wie *Oberbrenner* benannt werden (vgl. Abb. 28). Die *Oberbrenner* dürfen sich nur in ihrem, d.h. in dem ihnen zugewiesenen Feldabschnitt umherbewegen.

c) Im Spielfeld werden – entsprechend der Anzahl der *Oberbrenner* – Gymnastikreifen ausgelegt, die die *Oberbrenner* während der Spielrunde nicht verlassen dürfen.

☞ *Hinweis*

Die *Oberbrenner* regelmäßig auswechseln, um für eine gleiche Beteiligung aller *Brenner*-Spieler zu sorgen. Vorschlag: „Nach jeweils drei Würfen der Werfer tauschen die *Oberbrenner*!“

- Namens-Brenner

  Ab 10 Jahren.

  Die *Brenner* legen den/die eingesammelten Ball/Bälle der *Läufer*-Partei in das Brennmal (= kleiner Kasten), entnehmen daraus einen Softball und werfen ihn über eine festgelegte Distanz einem vorher benannten Mitspieler zu (hier: „Sascha“). Erst wenn dieser Spieler den Softball gefangen hat: „Stopp!“ (s. Abb. 29, S. 104)

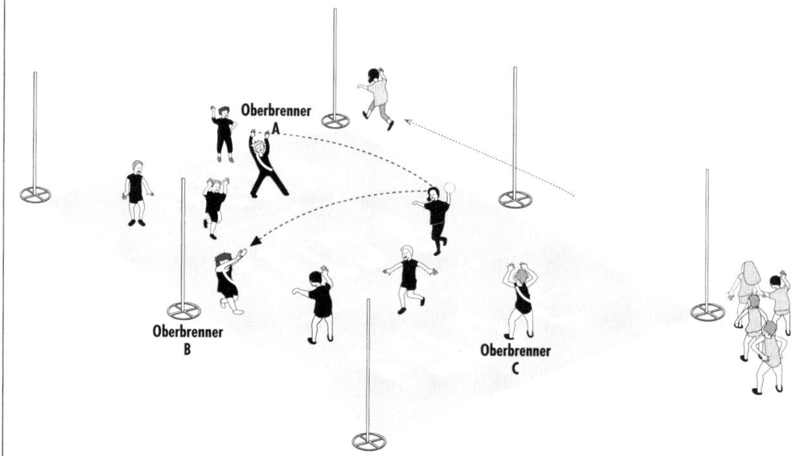
Oberbrenner
A
Oberbrenner
B
Oberbrenner
C

Abb. 28

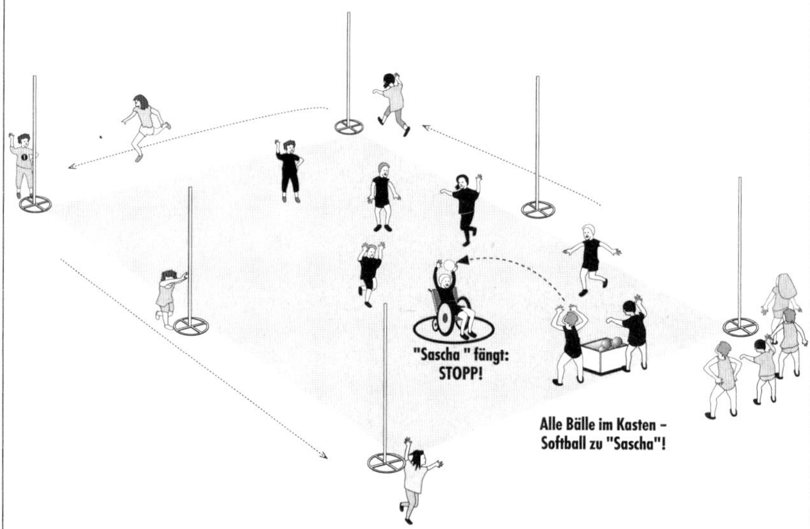
"Sascha" fängt:
STOPP!
Alle Bälle im Kasten –
Softball zu "Sascha"!

Abb. 29

☞ *Hinweis*
Diese Spielidee ist sehr geeignet zur Integration behinderter (oder kranker) Kinder. 'Erfunden' wurde sie von den Mitschülern eines geistig und körperlich behinderten Jungen – in der Absicht, ihn in ein gemeinsames Spielgeschehen einzubeziehen.

Veränderungen für Werfer- und Brenner-Partei

Gewitter-Brennball

Ab 9 Jahren.
Die *Läufer*-Partei wird in 3–5 Untergruppen (mit jeweils 3–5 Spielern) eingeteilt.

3–5 (nicht zu harte) Bälle. Es können auch unterschiedliche Bälle oder Wurfobjekte verwendet werden wie Tennisreifen, Soft-Frisbee, Bierdeckel, „Schleudersocke" (= Tennis- oder leichter Gymnastikball in einem verknoteten Strumpf), ...

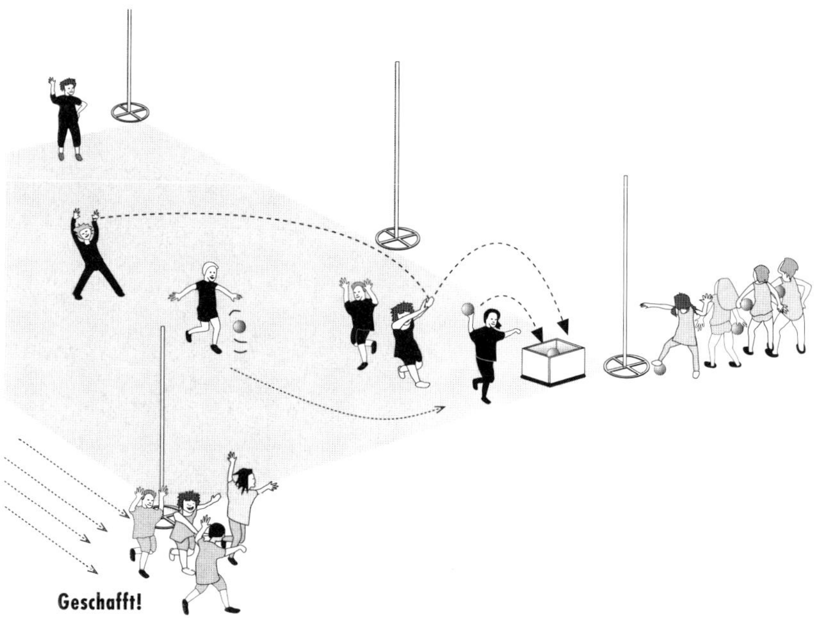

Abb. 30

Die Untergruppen werfen nacheinander. Alle Spieler einer Untergruppe werfen gleichzeitig mit je einem Ball und laufen gemeinsam los.

Die *Brenner* rufen „Stopp!", sobald der letzte Ball im Brennmal ist.

Nachdem alle *Läufer*-Untergruppen jeweils einmal gemeinsam gestartet sind, können sie sich im Ziel zu neuen Untergruppen formieren, falls Mitläufer noch 'auf der Strecke' sind. Die Anzahl der *Läufer* (3–5) innerhalb eines Wurfdurchgangs bleibt jedoch stets erhalten.

Haben mehr *Läufer* das Ziel erreicht als die vereinbarte Anzahl von Werfern in einem Durchgang, müssen sie für den nächsten Wurfdurchgang entsprechend drei, vier oder fünf Werfer auswählen; die übrigen Spieler dürfen mitlaufen.

Nach insgesamt 10–15 Wurfdurchgängen der *Läufer*-Partei, wobei jedes Mitglied mindestens einmal geworfen haben muss, erfolgt Rollenwechsel zwischen *Läufern* und *Brennern*.

⇒ *Variation*

- Spieler der *Läufer*-Partei können nach Erreichen des Ziels bei der nächsten Werfergruppe sofort wieder mitlaufen und – mitwerfen!

☞ *Hinweise*

- Keine harten Bälle (wie Schlagbälle z.B.) verwenden; denn durch die Vielzahl niederprasselnder Bälle könnte ein Spieler unter Umständen vom Ball schmerzhaft getroffen werden.
- Insbesondere bei der Variationsform müssen genügend (weiche) Bälle bereitgehalten werden, da mitunter fast alle Spieler der *Läufer*-Mannschaft gleichzeitig im Ziel ankommen – und zehn Spieler z.B. zum gleichen Zeitpunkt einen Ball benötigen.
- Für die *Läufer* muss ausreichend Raum zur Verfügung stehen, um Gedränge und gegenseitige Behinderungen zu vermeiden.

Brennball mit Mannschaftsumrundung

Ab 9 Jahren.

Die *Läufer* stehen hintereinander in zwei parallelen Reihen; jeweils zwei (nebeneinander stehende) Spieler bilden ein Spielpaar. Umrahmt wird jede Reihe am Anfang vom „Werfer-Reifen" und am Ende von einem Markierungshütchen (vgl. Abb. 31).

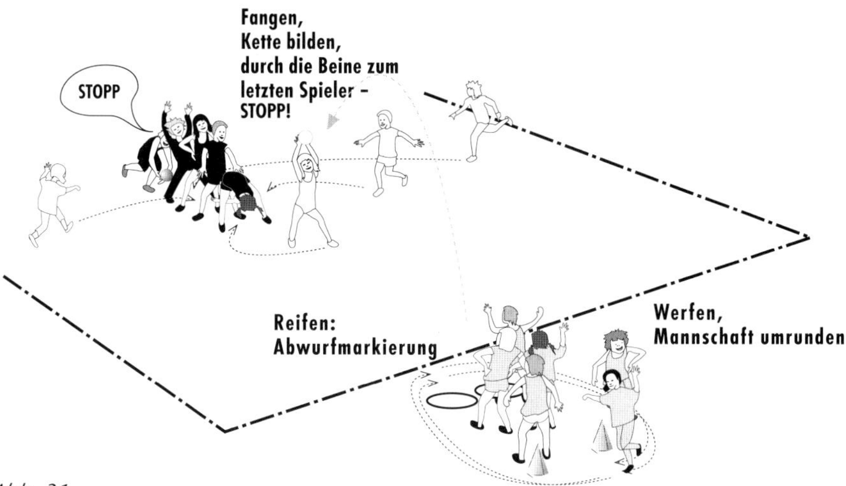

Abb. 31

Ein Spieler des Paares wirft den Ball ins Feld; beide *Läufer* umrunden anschließend so oft wie möglich ihr Team, bis die Fänger „Stopp!" gerufen haben: Dann müssen beide Spieler ihren Lauf beenden.

Die *Brenner* stellen sich nach dem Fangen des Balls ebenfalls schnell in einer Reihe – möglichst eng hintereinander – irgendwo im Spielfeld auf; der erste Spieler rollt den Ball durch die gegrätschten Beine aller *Brenner* zum letzten Spieler der Reihe, der sofort „Stopp!" ruft.

Wertung: Die Läufer erhalten für jede vollständige Umrundung ihrer Mannschaft zwei Punkte, für eine halbe (von Reifen zu Hütchen) einen Punkt. Haben alle *Läufer* mindestens einmal geworfen, erfolgt der Wechsel mit der *Brenner*-Partei.

⇒ *Variation*

- Die *Läufer*-Partei wird in 3–4 Untergruppen eingeteilt (mit jeweils maximal vier Spielern). Die Spieler jeder Untergruppe werden nummeriert („1" – „2" – „3" – ...), sodass es 3–4 Einser, Zweier usw. in der *Läufer*-Mannschaft gibt (vgl. Abb. 32, S. 108).

  Die Untergruppen stehen wie zuvor jeweils in Reihen hintereinander zwischen „Werfer-Reifen" und Markierungshütchen – allerdings mit größerem Abstand zwischen den Untergruppen.

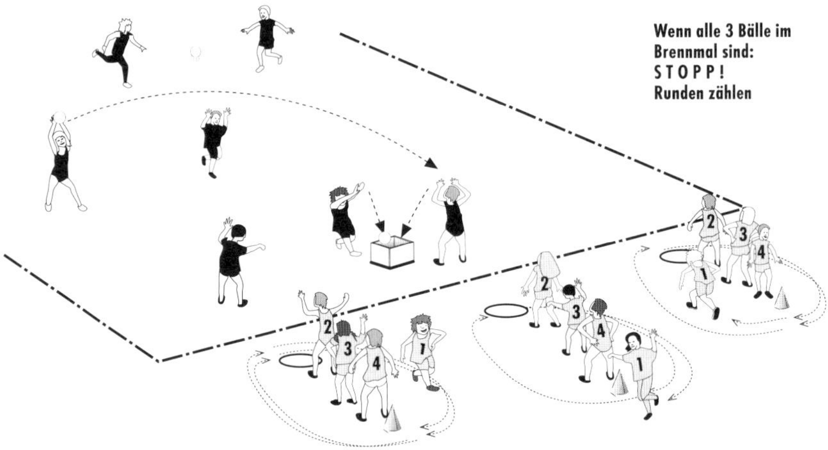

Abb. 32

Als Brennmal steht ein kleiner Kasten umgedreht im Spielfeld.

Alle Einser werfen und laufen danach so schnell wie möglich um ihre Untergruppen herum, bis die *Brenner*-Partei alle Bälle ins Brennmal gelegt und „Stopp!" gerufen hat. Dann folgen alle Läufer mit der Nummer Zwei. Die Punktwertung für die *Läufer* erfolgt in gleicher Weise wie bei der Grundform.

Ausdauer-Brennball

Ab 9 Jahren.
2–3 Bälle.

Alle *Läufer* stehen in einer langen Reihe nebeneinander hinter einer Startlinie (= Frei), die *Brenner* im Spielfeld. Vor jedem *Läufer* steht in etwa 4–5 m Entfernung ein Markierungshütchen (vgl. Abb. 33). Als Brennmal steht ein kleiner Kasten umgedreht im Spielfeld.

Die ersten zwei oder drei *Läufer* werfen gleichzeitig (und laufen los). Dies ist zugleich das Startsignal für alle übrigen *Läufer*, so oft wie möglich um ihr Markierungshütchen zu laufen.

Sind alle Bälle im Brennmal und haben die *Brenner* „Stopp!" gerufen, müssen die *Läufer* hinter der Startlinie im Freimal sein – wenn nicht, sind die entsprechenden Spieler „verbrannt" und verlieren alle Punkte dieses Spieldurchganges; Punkte aus vorhergehenden Durchgängen bleiben aber erhalten!

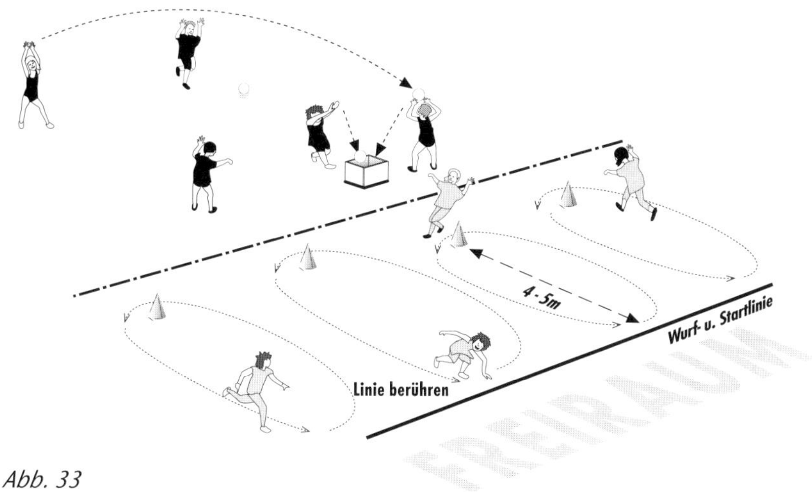

Abb. 33

Anschließend werfen die nächsten zwei oder drei Spieler. Haben alle *Läufer* einmal geworfen, werden die Spielrollen getauscht.

Wertung:
Für jeden Lauf von der Startlinie, um das Hütchen herum und wieder zurück zur Startlinie, die einmal mit der Hand kurz angetippt werden muss, erhält jeder *Läufer* einen Punkt. Zwei Wertungsvorschläge:

- „Hat jeder Läufer mindestens ... Punkte erlaufen?"
- Jeder zählt ehrlich (!) die Summe seiner Laufrunden zusammen; am Ende der Spielrunde fragt der Spielleiter die Ergebnisse aller *Läufer* ab und addiert sie zum Gruppenresultat. Welche der beiden Parteien hat zum Schluss die meisten Punkte?

Brennball mit Verfolgen
Ab 10 Jahren.
Die Aufgabe der *Brenner* bleibt erhalten. Die *Läufer* müssen jetzt aber nach ihrem Wurf nicht um das Spielfeld laufen, sondern Spieler der *Brenner*-Mannschaft jagen und drei von ihnen fangen – wobei die *Brenner* natürlich weglaufen dürfen (vgl. Abb. 34, S. 110)

Haben die *Brenner* den Ball ins Brennmal gebracht und „Stopp!" gerufen, muss der *Läufer* seine Fangjagd sofort abbrechen und stehen bleiben; beim nächsten Wurf darf er weiterfangen, um seine Aufgabe zu erfüllen.

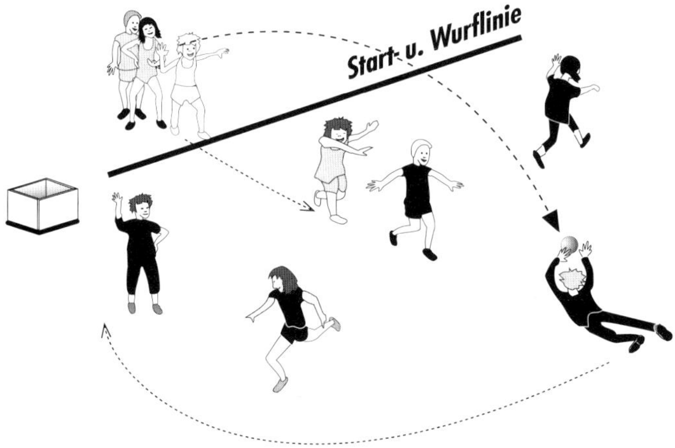

Abb. 34

Wertung:

- Der *Läufer* schafft es mit dem eigenen Wurf, drei *Brenner* zu fangen – drei Punkte.
- Sobald der *Läufer drei Brenner* – auch mit beliebig vielen Unterbrechungen – abgeschlagen hat, bekommt er einen Punkt. Voraussetzung ist aber: Er muss bei seinem ersten Fangversuch mindestens einen *Brenner* abgeschlagen haben, bevor die *Brenner*-Partei den Ball ins Brennmal gebracht hat.
- Der *Läufer* erwischt keinen einzigen *Brenner* nach seinem Wurf: „Verbrannt!" Die *Brenner*-Mannschaft erhält dafür einen Punkt. Nach dem Wurf des folgenden Mitspielers darf der „Verbrannte" weiterjagen, bis auch er drei *Brenner* gefangen hat. *Einen* gegnerischen Spieler muss er jedoch fangen – sonst ist er aufs Neue „verbrannt".

☞ *Hinweise*

- Zur besseren Orientierung eine Mannschaft mit Parteibändern markieren.
- Bei diesem Spiel stellt sich in besonderer Weise das Problem der Regelüberwachung. Denn jagen z.B. vier Spieler gleichzeitig, kann kein Schiedsrichter den Überblick behalten, ob Paul nun schon seinen dritten oder erst seinen zweiten *Brenner* gefangen hat ... Das sollte man den

Spielern auch so mitteilen, um ihre Kräfte der Eigenverantwortlichkeit zu mobilisieren: „Das Schwierigste bei diesem Spiel ist nicht das Fangen, sondern das Ehrlichsein. Ob es hinterher Streit gibt oder nicht, liegt daran, ob ihr die Regeln beachtet!"

- Um schwächeren Läufern größere Chancen zum Fangen einzuräumen und um zu verhindern, dass sie zum Gespött der *Brenner* werden, weil sie niemanden fangen können, empfiehlt sich die Kombination mit der Spielidee „Partnerlauf" (vgl. S. 94).

2.9.5. Weitere Veränderungsmöglichkeiten

Bei den folgenden Spielideen steht nicht die Steigerung der Bewegungsintensität im Vordergrund, sondern das animierende Verändern des *„Brennball"*-Grundgedankens.

Alternative Brennmale

Korb-Brennball
Ab 9 Jahren.
Die *Brenner* müssen den Ball ist einen Basketballkorb (= Brennmal) werfen, bevor sie „Stopp!" rufen.

☞ *Hinweise*

- Bei jüngeren Kindern entweder ein kleines Wurfobjekt (= Tennis- oder kleinen Gymnastikball) verwenden oder aber – sofern verstellbare Körbe vorhanden sind – den Korb tiefer anbringen, damit das Hineinwerfen nicht zu schwierig ist.
- Zur Bewegungsintensivierung für die *Läufer*-Mannschaft die Regel einführen *„Partnerlauf"* (vgl. S. 94), wobei beide *Läufer* je einen Ball werfen, oder die Regel *„Gruppenlauf"* (vgl. S. 95). Für die *Brenner* sollte zur Belastungssteigerung mit zwei Brennmalen, d.h. mit zwei Basketballkörben gespielt werden: „Stopp" gilt erst, wenn beide Bälle im Brennmal sind.

Handball-Brennball
Ab 10 Jahren.
Als Brennmal wird ein Tor an der Start-Ziel-Stirnseite des Spielfeldes markiert; in 3–6 m Abstand vor dem Tor ist außerdem eine handballähnliche Wurflinie zum Kennzeichnen eines Torraumes gezogen (s. Abb. 35, S. 112).

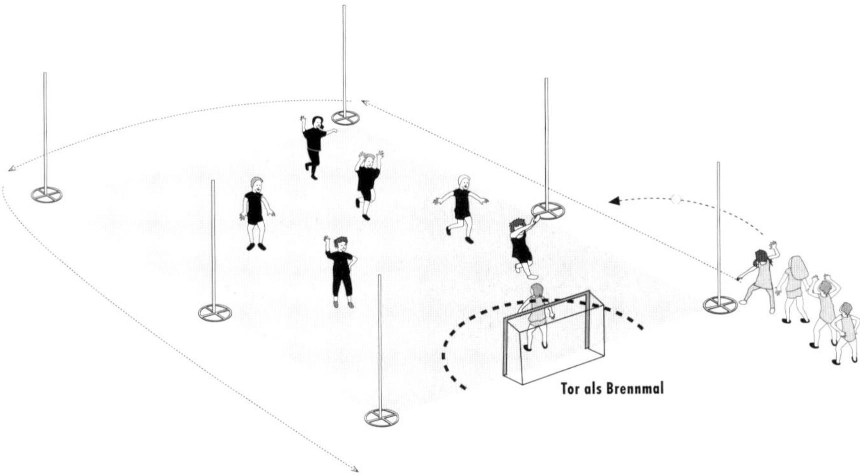

Abb. 35

Ein handballgroßer, leichter Ball.

Die *Läufer*-Partei (!) benennt vor Spielbeginn einen Spieler als *Brennmal-Torwächter.*

Aufgabe der *Brenner*-Partei ist es, nachdem sie in Ballbesitz gelangt ist, ins Tor zu werfen, was der *Brennmal-Torwächter* zu verhindern versucht und der dabei den Torraum nicht verlassen darf.

Die *Brenner* dürfen – von vor der Wurflinie aus – so oft aufs Tor werfen, bis sie Erfolg haben; erst dann gilt: „Stopp!" *Läufer*, die sich in diesem Augenblick noch auf der Strecke befinden, sind „verbrannt". Aber: Sobald der *Brennmal-Torwächter* den Ball in seinen Besitz gebracht hat, gelten alle Spieler der *Läufer*-Partei als ins Ziel gekommen und der nächste Durchgang beginnt!

Wichtige Regel – obwohl eigentlich selbstverständlich –: Die *Läufer* dürfen den Ball nicht in den Wurfkreis ihres *Brennmal-Torwächters* werfen.

Wertungsvorschlag:

- Der Werfer kommt ohne Festhalten am Freimal ins Ziel = drei Punkte;
- mit Festhalten = ein Punkt.

☞ *Hinweise*

- Größe des Tores und Entfernung zwischen Torhüter und Werfer je nach Alter festlegen.

- Auch hier zur Bewegungsintensivierung für die *Läufer*-Mannschaft die Regel einführen *„Partnerlauf mit Doppelwurf"* (vgl. S. 94) oder *„Gruppenlauf"* (vgl. S. 95). Zur Belastungssteigerung für die *Brenner* sollte mit zwei Brennmalen gespielt werden. Vorschlag: Als zweites Brennmal wird im hinteren Drittel des Feldes ein kleiner Kasten aufgestellt. „Stopp" gilt erst, wenn beide Bälle in jeweils einem Brennmal sind. Aber: „Kann der *Brennmal-Torwächter* den Ball in seinen Besitz bringen, ist die Spielrunde (weiterhin) sofort beendet!"
- Mehrere Durchgänge spielen lassen, damit insbesondere die *Brenner* Zeit bekommen, erfolgverheißende Spieltaktiken zu entwickeln, zum Beispiel:
  - Beim Wurf auf das Tor ein oder zwei Spieler in die Nähe des Tores stellen, damit der *Brennmal-Torwächter* sich den Ball nicht schnappen kann!
  - Eindeutige Klärung, welcher Spieler aufs Tor wirft.

⇒ *Variation*

- Fußball-Brennball

  Ab 10 Jahren.

  Gleicher Aufbau wie bei *„Handball-Brennball"*.

  Die *Läufer*-Partei benennt vor Spielbeginn einen Spieler als Torwart.

  Die *Läufer* schießen den Ball mit dem Fuß ins Feld; dazu dürfen sie sich den Ball auch selbst mit der Hand vorlegen.

  Die *Brenner* hingegen dürfen den Ball mit der Hand abfangen und ihn sich auch mit der Hand zuspielen. Um ihn ins Brennmal zu befördern, müssen sie jedoch ebenfalls mit dem Fuß schießen – und zwar von außerhalb der Torraumlinie aus.

  Übrige Regeln wie bei *„Handball-Brennball"*.

Ballpost

Alter: Ab 9 Jahren.

Gruppengröße: Zwei Mannschaften mit je 7–15 Spielern.

Materialien: Zehn (nach Möglichkeit z.T. unterschiedlich große) Bälle (= „Luftpostsendungen"); eine Matte und zwei kleine Kästen (oder Kastendeckel) als „Versandstelle" und „Ziel-Luftpostamt".

Spielfeldaufbau: Die Spieler der *Läufer*-Partei (= *Luftpostboten*) stehen verteilt im Abstand von 2–5 m Entfernung an vorgegebenen Plätzen um das Spielfeld; 1–3 ihrer Spieler werden als feste Werfer bestimmt (vgl. Abb. 36).

Nach dem Wurf ihrer festen Werfer spielen die *Läufer* „Luftpostsendungen", von der „Versandstelle" aus, von „Poststation" zu „Poststation", um sie anschließend im „Ziel-Luftpostamt" abzulegen. Bei der „Postbeförderung" darf keine Station ausgelassen werden!

Wurde ein Ball nicht gefangen, muss der entsprechende *Luftpostbote* sein „Amt" verlassen, die „Luftpost" wieder einsammeln und von seiner „Dienststelle" aus ordnungsgemäß weiterbefördern.
Hat die *Brenner*-Partei ihren Ball zum Brennmal zurückgebracht und „Stopp!" gerufen, dürfen die *Läufer* keine „Post" mehr weiterbefördern. „Post", die sich im Moment des Stoppsignals noch in der Luft befindet, wird in die „Versandstelle" zurückgelegt.

Wie viele Wurfdurchgänge benötigt jede Mannschaft, bevor alle zehn „Luftpostsendungen" im „Ziel-Luftpostamt" angekommen sind?

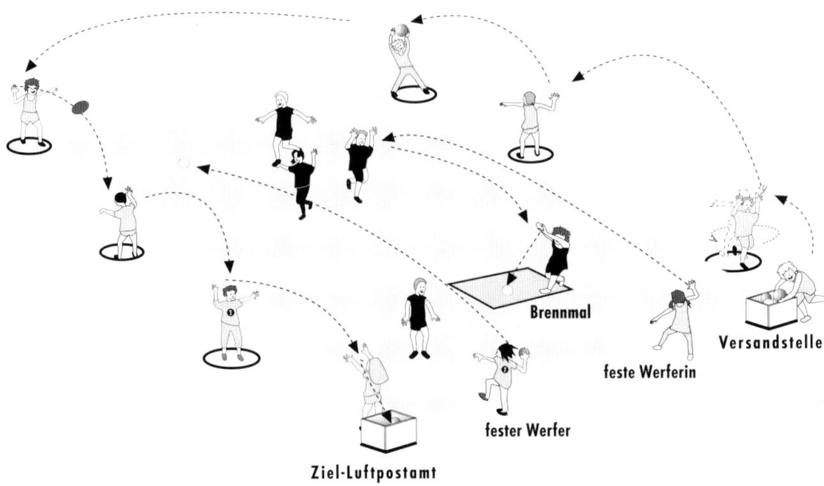

Abb 36

☞ *Hinweise*

- Bei der Einrichtung der „Poststationen" zur Differenzierung unterschiedlich weite Entfernungen zwischen den einzelnen „Ämtern" einplanen.
- Das Spiel ist geeignet, um alle Spieler mit einer Aufgabe zu betrauen, die zum Erfolg der gesamten Mannschaft von Bedeutung ist. Deshalb muss die Platzierung der *Postboten* unbedingt ihren individuellen Fähigkeiten angepasst sein, um Überforderungen und Misserfolge möglichst auszuschließen. Die genaue Aufteilung der Standplätze kann den Kindern zur selbständigen Entscheidung mit der Aufforderung überlassen werden: „Verteilt euch so, dass jeder eine Aufgabe entsprechend seinen Fähigkeiten übernimmt!"
- Erfahrungsgemäß gehen (fast wie im richtigen Leben) eine Vielzahl von „Luftpostsendungen" während eines Spieldurchganges verloren. Um den *Postboten* mehr Beförderungszeit einzuräumen und dadurch den Stress ein wenig zu mildern, ist es vorteilhafter, wenn gleichzeitig mehrere feste *Läufer* (z.B. drei) werfen. „Stopp!" gilt dann, sobald die *Brenner* alle Bälle ins Brennmal gelegt haben.

Brennball mit Würfeln

Alter:	Ab 10 Jahren.
Materialien:	Ein Schaumstoff-Zahlenwürfel (*Alternative:* normale Spielwürfel).

Nachdem die *Läufer* das Ziel erreicht haben, würfeln sie mit einem großen Schaumstoff-Zahlenwürfel. Die angezeigte Punktzahl wird der Mannschaft gutgeschrieben. Wer ohne Unterbrechung die Laufstrecke geschafft hat, darf seine gewürfelte Zahl verdoppeln (vgl. Abb. 37, S. 116)

Welche Mannschaft hat zum Schluss die meisten Würfelpunkte?

⇒ *Variation*

- Die gewürfelte Zahl wird zunächst mit Sechs – als Grundzahl – multipliziert. Die maximale Punktzahl eines Läufers beträgt damit 36 Punkte (= 6 x 6). Aber:
  a) Für jede Laufunterbrechung wird die Grundzahl um einen Punkt reduziert.

  b) Jedes „Verbrannt" mindert die Grundzahl um zwei Punkte.

Abb. 37

Beispiele:

- Paul hat für seinen Lauf zwei Stopps an den Freimalen benötigt. Er würfelt eine DREI. Seine Punktsumme ergibt: 6 (= Grundzahl) – 2 (Stopps) = 4 (Grundpunkte) x 3 (Würfelpunkte) = 12 Punkte.
- Britta hat ebenfalls zwei Stopps benötigt, wurde aber außerdem einmal „verbrannt". Sie hat eine FÜNF gewürfelt. Ihre Punktsumme: 6 (= Grundzahl) – 2 (Stopps) – 2 („Verbrannt"-Punkte) = 2 (Grundpunkte) x 5 (Würfelpunkte) = 10 Punkte.

☞ *Hinweise*

- Absicht dieser Spielidee ist es, durch das Glückselement des Würfels den Wettkampfcharakter des Spiels zu 'dämpfen' sowie einen zusätzlichen Spannungsreiz einzuführen (vgl. Band 2 *„'Spielerisch spielen' lernen – ..."*).
  Aus der Auseinandersetzung über unterschiedliche Spielauffassungen zwischen mir und einigen Kindern, die sich mit dieser Absicht wenig anfreunden konnten und statt eines „Glücksspiels" ein „gerechtes Spiel" einforderten, entstand der komplexe Berechnungsmodus der Variation. Diese Spielform sollte daher erst etwa ab 11 Jahren eingeführt werden.
  (Auch wenn die Variation eventuell zu kompliziert erscheint –: Lassen Sie sich davon nicht abschrecken, mit Ihren Kindern nach eigenen Abwandlungen zu suchen. Was man selbst entdeckt und gemeinsam ent-

wickelt, ist für einen selbst meist gar nicht so schwierig, sondern nur für Außenstehende. Und darüber hinaus: ein Spiel selbst erfinden macht auch mehr Spaß!)
- Grundsätzlich sollte jeder Spieler seine Punktzahl alleinverantwortlich auf ein an der Wand befestigtes Plakat schreiben. Gibt es Zweifel über die Spielehrlichkeit, könnte ein neutraler Schiedsrichter eingesetzt oder ein Spieler der Gegenpartei als „Beobachter" benannt werden (Oder der Spielleiter selbst übernimmt diese Rolle.).

Brennball mit Abwerfen

Alter: Ab 11 Jahren.
Materialien: Ein handballgroßer Softball als Spielball.
Spielfeldaufbau: Mindestens sechs Freimale.

Nach dem Wurf des *Läufers* versuchen die *Brenner*, ihn mit seinem Wurfball abzuwerfen (s. Abb. 38).

Als Abwurf zählt *jede* Körperberührung des Balls – mit Ausnahme von Treffern an den Kopf!

Sobald der *Läufer* eines der Freimale berührt, ist er in Sicherheit und der jeweilige Spieldurchgang beendet. Sind mehrere *Läufer* 'auf der Strecke', ist

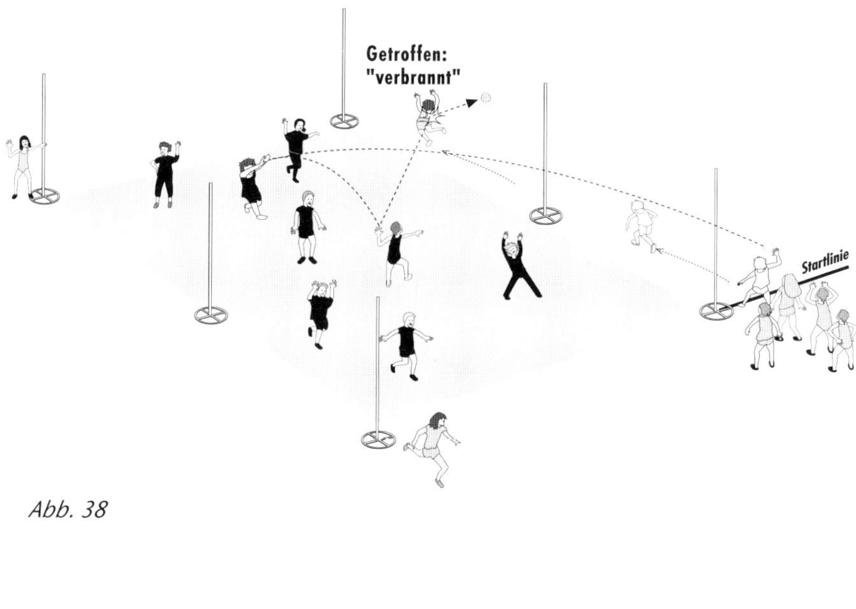

Abb. 38

der Spieldurchgang beendet, sobald der letzte *Läufer* ein Freimal berührt. Anders formuliert: Die Spielrunde ist also zu Ende, wenn entweder alle *Läufer* a) das Ziel erreicht oder b) ein Freimal angefasst haben oder aber c) alle *Läufer* abgeworfen wurden.

Wichtige Regel: Hat ein *Läufer* erst einmal am Freimal angefasst, muss er bis zum Ende des aktuellen Spieldurchganges dort bleiben – auch wenn plötzlich die Spielsituation das Weiterlaufen ermöglichen würde!

Wertung:

- Wurde der *Läufer* abgetroffen, erhält die *Brenner*-Partei drei Punkte. Der „Verbrannte" muss zurück zum Start und darf mit dem nächsten Werfer erneut sein Glück versuchen.
- Gelingt es einem *Läufer*, ohne Festhalten am Freimal die Laufstrecke zu umrunden, so erhält er für sein Team drei Punkte; ein Lauf mit Unterbrechung(en) zählt einen Punkt.

☞ *Hinweise*

- Haben die Kinder die Spielidee verstanden, sollte zur Steigerung der Bewegungsintensität mit zwei Bällen und zwei *Läufern* gespielt werden.
- Als Freimale sind auch Gymnastikreifen sehr geeignet. Die Regel lautet dann: „Wer mit einem Bein im Reifen steht, ist frei. Wenn man sich aber in den Reifen gestellt hat, darf man erst beim Wurf des nächsten *Läufers* weiterlaufen!"
- Das Spiel ist – ebenso wie die folgende Variation – eher für die Halle geeignet; denn im Freien bedeutet jeder misslungene Treffversuch zeitraubendes Zurückholen des Balles, was der Spieldynamik und damit auch der -motivation nicht besonders förderlich ist.

⇒ *Variation*

- In der Mitte des Spielfeldes wird ein kleiner Kasten mit der Öffnung nach oben aufgestellt (= Brennmal).

  Die *Brenner* haben nun zwei Möglichkeiten zum „Verbrennen": entweder – wie zuvor – durch Abwurf eines *Läufers* oder durch Hineinlegen des Wurfballs ins Brennmal.

  Wertungsvorschlag:

  - *Läufer* wird „verbrannt" durch Abwurf = drei Punkte.
  - *Läufer* wird „verbrannt" durch Ball-im-Brennmal = ein Punkt.

Frisbee-Brennball

Alter: Ab 11 Jahren.
Materialien: 1–3 Frisbeescheiben.

Gleiche Spielidee wie in der Grundform (vgl. S. 89) – mit folgenden Regeln bzw. Abänderungen:

- Gespielt wird mit einer Frisbeescheibe, die auch über die Seitenlinien geworfen werden darf.
- Als Brennmal wird ein kleiner Kasten verwendet. Die jeweilige Spielrunde ist in dem Moment beendet, wenn die Scheibe das Brennmal *berührt*, d.h., sie muss nicht hineingelegt werden.
- Kann ein *Brenner* die Scheibe aus der Luft fangen: ein Punkt für die *Brenner*-Partei.

☞ *Hinweise*

- Zur Bewegungsintensivierung möglichst mit zwei Frisbeescheiben spielen. („Stopp" gilt, sobald die zweite Scheibe das Brennmal berührt.)
- Unbedingte Voraussetzung für diese Spielidee ist, dass die Spieler vorher ausreichend Gelegenheit hatten, sich mit der Frisbeewurftechnik vertraut zu machen.

Hockey-Brennball

Alter: Ab 11 Jahren.
Materialien: Ein Hockeyschläger für die *Brenner*-Mannschaft, zwei Tennisbälle, ein kleiner Kasten (= Brennmal).
Spielfeldaufbau: Im vorderen Drittel des Spielfeldes wird das Brennmal postiert, im hinteren Drittel ein kleiner Schusskreis (mit TESA-Krepp z.B.) markiert (Durchmesser 40–80 cm). Der Abstand zwischen Schusskreis und Brennmal beträgt je nach räumlichen Voraussetzungen und Spielerfähigkeiten 5–8 m.

Zwei *Läufer* werfen gleichzeitig mit je einem Tennisball und starten. Die *Brenner* sammeln die Bälle ein und legen sie in den Schusskreis. Von dort aus versucht ein *Brenner*-Spieler, mit dem Hockeyschläger das Brennmal zu treffen: Sobald *einer* der beiden Bälle es berührt: „Stopp!" (s. Abb. 39, S. 120)

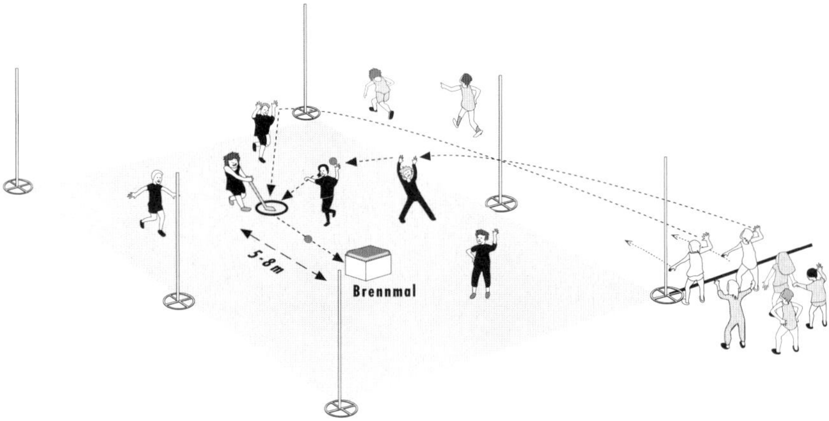

Abb. 39

☞ *Hinweis*

Das Einsammeln und Zurechtlegen der Bälle für den 'Zielschützen' fordert den *Brennern* erhebliche Kooperationsleistungen ab. Haben sie sich nach einigen Durchgängen eingespielt, kann ihre Aufgabe dahingehend erschwert werden, dass nunmehr *beide* Bälle das Mal berühren müssen.

⇒ *Variation*

Ab 12 Jahren.

Voraussetzungen für dieses Spiel:

1. Für jeden *Brenner* steht ein Hockeyschläger zur Verfügung.
2. Es ist eine recht geräumige Turnhalle vorhanden.

Aufbau wie bei der Grundform des Spiels. Als Brennmal steht ein kleiner Kasten in der Spielfeldmitte.

Die *Brenner* dürfen den geworfenen Ball mit der Hand aus der Luft fangen und ihn auf den Boden legen. Weiterspielen des Balls und Zielschüsse auf das Brennmal müssen aber mit dem Hockeyschläger ausgeführt werden. Sobald der Ball das Brennmal berührt: „Stopp!"

☞ *Hinweis*

Diese Form eignet sich *nur* für Gruppen, in denen die Teilnehmer ausgiebig Erfahrungen mit dem Hockeyschläger sammeln konnten – andernfalls würde die Enttäuschung über die vielen geschlagenen Luftlöcher den Spieleifer rasch dämpfen ...

Spiele im gemeinsamen Spielfeld

2.10 Reaktionsball

Alter: Ab 7 Jahren.
Gruppengröße: 4–7 *Werfer*, alle übrigen Spieler (15–25) sind *Läufer*.
Materialien: 4–7 Softbälle.
Spielfeldaufbau: Etwa 3 m von beiden Hallenstirnseiten entfernt werden je eine Startlinie und Ziellinie markiert. Zu Anfang stehen die *Läufer* an der Start-, die *Werfer* an der Ziellinie. In der Mitte des Feldes liegen die Bälle.

Auf ein Signal hin starten alle gemeinsam. Die *Werfer* laufen zu den Bällen, schnappen sich jeder einen und versuchen, jeweils einen der *Läufer* abzuwerfen, bevor diese die Ziellinie (= Frei) erreicht haben. Erfolgreiche *Werfer* tauschen mit den Abgeworfenen.

Mögliche Zusatzregel: Wer getroffen wurde, kann sofort einen anderen *Läufer* abwerfen (vgl. Abb. 40).

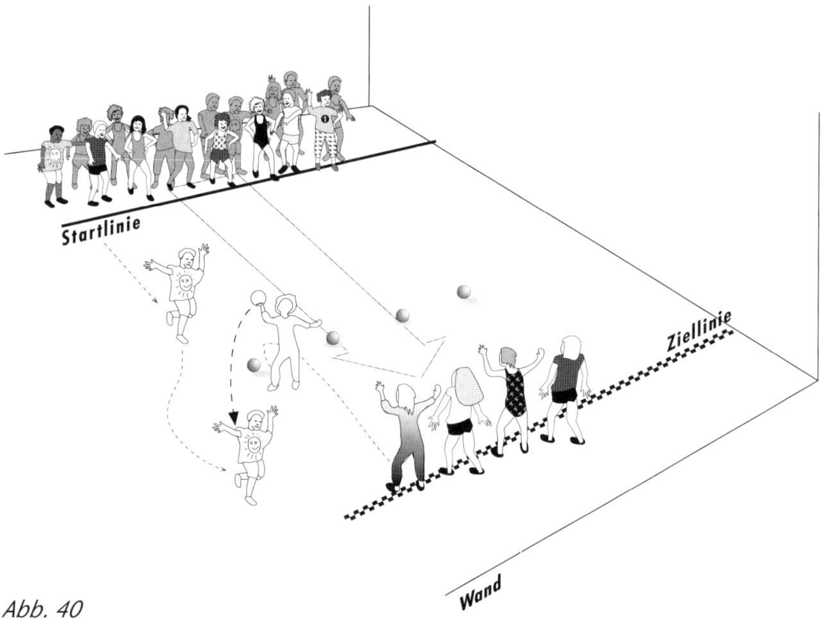

Abb. 40

☞ *Hinweis*
Haben die *Werfer* Probleme, schnell genug zu den Bällen zu gelangen, um die *Läufer* zu treffen, sollte ihnen – je nach ihren Wurffähigkeiten – ein Vorsprung eingeräumt werden („Die Werfer dürfen 4 m vorrücken.")

⇒ *Variationen*

- Schrittbegrenzung für Werfer
  Ab 9 Jahren.
  Für gute *Werfer* oder bei kleinem Spielfeld gilt eine Schrittbegrenzung: „Die Werfer dürfen mit Ball nur drei Schritte laufen."

- Mit Hindernissen
  Ab 9 Jahren.
  Auf dem Spielfeld Geräte aufbauen (große Kästen, Böcke, ...), die den *Läufern* einerseits die Spielfeldüberquerung erschweren, ihnen andererseits jedoch gleichzeitig einen möglichen Schutz vor Abwürfen bieten.

2.11 Schatztruhe plündern

Alter: Ab 8 Jahren.
Gruppengröße: Zwei Spielparteien: etwa 4–6 *Schatzwächter*, alle übrigen sind *Diebe*.
Materialien: Ein Kastendeckel (= „Schatzwächterkammer"). 4–6 Softbälle für die *Schatzwächter.* 30–60 „Schatzstücke" (TIP: Bierdeckel benutzen: ein kostenloses und vielseitig verwendbares Spielmaterial!).
Spielfeldaufbau: An beiden Stirnseiten des Spielfeldes werden zwei von der Spielfläche getrennte Abschnitte markiert (= „Diebeslager" und „Schatztruhe"). In der Spielfeldmitte befindet sich ein kleiner Kasten (= „Schatzwächterkammer").

Die *Diebe* versuchen, möglichst viele „Schatzstücke" aus der „Schatztruhe" zu entwenden. Diese wird von *Schatzwächtern* bewacht, die so viel wie möglich vom „Schatz" retten sollen und dazu jeweils einen Ball zum Abwerfen der *Diebe* haben (s. Abb. 41).

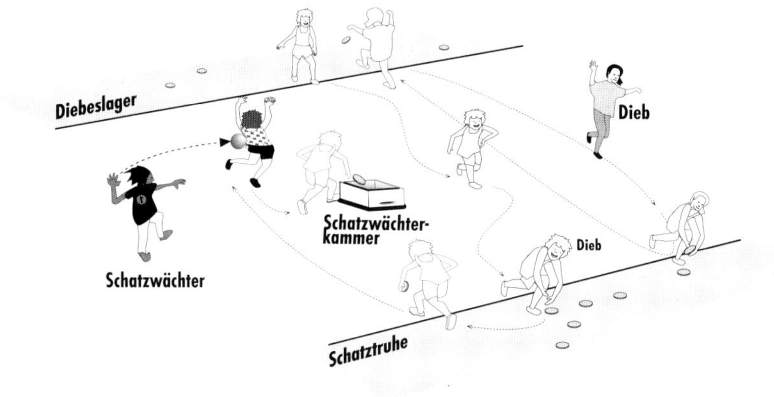

Abb. 41

Jeder *Dieb* darf bei einem Lauf immer nur ein Teil stehlen. Wenn ihm dies ohne Abwurf durch einen *Wächter* gelingt, legt er sein „Schatzstück" im „Diebeslager" ab und startet zum nächsten Beutezug.

Wird ein *Dieb* jedoch abgeworfen, und zwar

a) ***mit*** „Schatz" – wird das „Schatzstück" in die „Schatzwächterkammer" gelegt, aus der nichts entwendet werden darf. Der *Dieb* muss anschließend in sein Lager zurückkehren, um erneut auf Beutezug gehen zu dürfen (TIP: Gefangene *Diebe* heben zur Kennzeichnung für die *Wächter* einen Arm hoch.);
b) ***ohne*** „Schatz" – muss er eine Erlösungsaufgabe erfüllen, um wieder mitspielberechtigt zu sein.
   Die Art der Erlösungsaufgabe wird zuvor gemeinsam festgelegt. (Beispiel: Zurück zum „Diebeslager" laufen und dort fünf Kniebeugen machen.)

Weitere Regelmöglichkeiten:

- Als Abwurf gilt nur ein Treffer direkt aus der Luft. Fängt ein *Dieb* den Ball, zählt er nicht als abgetroffen (Nach dem Fangen den Ball beliebig ins Spielfeld zurückwerfen und weiterlaufen.).
- Für die *Wächter* kann je nach Alter und Können eine Schrittbegrenzung für das Laufen mit Ball eingeführt werden. (Vorschlag: ab 10–11 Jahren – mit Ball nur zwei oder drei Schritte laufen.)

2.12 Jägerball

2.12.1 Vorbemerkungen

„Jägerball" gehört zum 'Standardprogramm' in der Spielerziehung – wie ich meine zu Recht; denn es lassen sich viele Gründe aufzählen, die es einerseits zu einem beliebten Spiel und andererseits zu einer geeigneten Lerngelegenheit zur Entwicklung von Spielfähigkeit machen. Allerdings gilt es, bei der Auswahl und beim Anpassen an die eigene Lerngruppe einiges zu beachten, wenn die Spielfreude gesichert sein soll (beachte dazu vor allem Punkt 2).

1. Belebende Spielidee
„Jägerball" ist von seiner Grundidee her – im Gegensatz zu *„Ball über die Schnur"* oder auch *„Völkerball"* – ein bewegungsintensives Spiel mit ausgeprägtem läuferischen Akzent. Es verlangt von den Spielern darüber hinaus – aufgrund der Spielabsicht des Abtreffens bzw. Treffer zu vermeiden –, fast pausenlose Wachheit, rasche Orientierungsfähigkeit und Reaktionsbereitschaft.

Beides, Bewegungsintensität und motivierendes Spielziel (vgl. Punkt 6!), fügt sich zu einer Komposition, die eine äußerst kurzweilige und aktivierende Wirkung auf die Spieler ausübt.

2. Spiel für alle, aber ...
„Jägerball" ist ein für alle Altersstufen geeignetes Spiel, da sowohl die Regelanforderungen als auch der motorische Schwierigkeitsgrad – und damit die Spielkomplexität – vielfältig veränderbar sind, ohne die Grundidee des Spiels aufzugeben. Dies erlaubt ein flexibles Anpassen an die jeweiligen Könnensvoraussetzungen der Lernenden.

... nur, wenn es kindgerecht 'serviert' wird!
Die Vereinfachung von Spielsituationen ist für Lernanfänger unabdingbar, dennoch wird häufig gegen diesen Grundsatz verstoßen (vgl. *„Ballspiel – eine komplexe Handlungssituation"*, S. 47ff.). So findet man als Grundform des *„Jägerballs"* in vielen Spielesammlungen den Vorschlag (vgl. z.B. DÖBLER[44]), entweder mit einem *Jäger* oder mit stetig anwachsender *Jäger*-Anzahl zu spielen (d.h. jeder abgeworfene *Hase* wird zusätzlicher *Jäger*). Beides ist nach meinen Erfahrungen ungünstig:

a) Bei einem Spiel mit nur einem *Jäger* ist die Spiel- und Bewegungsintensität für den Großteil der Gruppe zu gering und das Spiel verliert schnell seinen Anreiz.
b) Wird hingegen mit der Regelvorgabe gespielt „Jeder getroffene Hase ist auch Jäger", streiten sich zum Schluss fast alle (25–30) Kinder um den einzigen Spielball. Auf diese Weise wird innerhalb der *Jäger*-Partei weder ein mannschaftliches Spiel mit durchdachten Aktionen entstehen noch kann sich ein befriedigendes Spielerlebnis einstellen. Ergebnis: Balgerei an Stelle sinnvollen Lernens.

Die in der Spielesammlung vorgestellten Formen reduzieren am Anfang die Handlungskomplexität und stellen vereinfachte, dem Können von Spielanfängern angemessene Spielgelegenheiten bereit. Durch allmähliches Steigern der Regelanforderungen werden die Lernenden herangeführt an die schwierigeren Spielformen des *„Jägerballs"* (mit Zusammenspiel der *Jäger* in einer größeren Spielpartei; vgl. Punkt 3).

Im Folgenden wird eine skizzenhafte Übersicht der Maßnahmen zur Vereinfachung sowie zur Anforderungssteigerung dargestellt:

Die Spielkomplexität wird vereinfacht durch
- die Vorgabe einer möglichst einfachen Spielidee mit wenigen Regelanforderungen;
- die Vorgabe, dass *Jäger* zunächst einzeln handeln;
- kleine *Jäger*-Gruppen, wenn die ersten Formen des Zusammenspiels gefordert werden.
  (Anmerkung: Aus diesem Grund wird die Anzahl der *Jäger*, die das mannschaftliche Zusammenspielen erlernen sollen, am Anfang auf die Mindestspielerzahl einer Mannschaft reduziert –: nämlich zwei.)

Die Spiel wird komplexer gestaltet durch
- zusätzliche Regeln;
- die Erhöhung der motorischen Anforderungen;
- zunehmende Vergrößerung der *Jäger*-Teams bei den Spielformen mit Zusammenspiel.

---

[44] DÖBLER, a.a.O., S. 260-261.

Zwei Anmerkungen zur Spielregelung

Zur planvollen Vermittlung der Spielidee *„Jägerball"* sind zwei Regelungen für die ballbesitzenden *Jäger* von besonderer Bedeutung: die Einführung einer Regel zur Schrittbegrenzung sowie zum Prellverbot.

- *Schrittregel*

  Diese Regel erfüllt zunächst die Aufgabe, die **Spielchancen** zwischen *Jägern* und *Hasen* **in** ein **Gleichgewicht** zu bringen; denn die *Hasen* hätten keine oder kaum Fluchtmöglichkeiten, wenn die *Jäger* ihnen zum Abwerfen beliebig lange nachlaufen dürften. (Wichtige Ausnahme hiervon ist das Spiel der 'Kleinsten' und 'Anfänger': vgl. Fußnote .)

  In den Spielformen *„Mit Zusammenspiel der Jäger"* erzwingt die Schrittregel – gemeinsam mit dem Verbot des Prellens – das Abspiel zu den Mitspielern; dies **fördert** das Erlernen einer **mannschaftsorientierten Spielweise** und **übt** die Fertigkeiten des genauen **Zuspiels** und sicheren **Fangens.**

  Die Entscheidung in der vorliegenden Sammlung für die Regel „Drei Schritte mit dem Ball" ist am Handballspiel ausgerichtet. Stattdessen kann ebenso eine Orientierung am Basketballspiel („Zwei-Schritt-Regel") erfolgen; oder es können in freier Absprache mit den Kindern „Gruppenregeln" vereinbart werden.

  Eine Regel zur Schrittbegrenzung[45] sollte aber in jedem Fall – sobald die Spieler das 'Anfängerstadium' überwunden haben – eingeführt werden: ob durch direkte Vorgabe des Spielleiters oder durch ein „entdeckenlassendes Verfahren" ist dabei zunächst zweitrangig.

- *Prellverbot beim Bewegen mit Ball*

  Die Regel „Ballprellen verboten!" erlaubt den Spielern, ihre Aufmerksamkeit ganz und gar auf die 'obere' (= spiel- und mitspielerbezogene) Wahrnehmungsebene zu beschränken. Müssten sie zusätzlich den geprellten Ball im Blick behalten (= 'untere' Ebene) – wozu Anfänger zum Zweck einer sicheren Ballkontrolle aufgrund ihrer mangelnden technischen Fertigkeiten gezwungen sind –, ging bei den meisten Spielanfängern die Übersicht und der Spielfluss schnell verloren. Einzelaktionen

45 Vgl. in Band 2 *„Das Regelproblem der Schrittbegrenzung. ..."*

statt mannschaftlicher Handlungsweisen träten in den Vordergrund, die Erfahrung eines gemeinschaftlich bewirkten Ergebnisses bliebe versagt. Eine letzte Anmerkung zur eindeutigen Klärung: Sobald Spieler genügend Spielerfahrung erworben haben, kann selbstverständlich auch mit Prellen gespielt werden.

3. Grundlegende Spielerfahrungen durch Jägerball

„Jägerball" vermittelt elementare Bewegungs- und Spielerfahrungen, die für viele Ballspiele Voraussetzung sind. Entsprechend den beiden Formen des *„Jägerballs"* – ohne und mit Zusammenspiel der ***Jäger*** – können zwei Erfahrungsebenen unterschieden werden. Auf der zweiten Lernstufe (= mit Zusammenspiel) werden insbesondere für die *Jäger* völlig neue Anforderungen gestellt.

- *Jägerball **ohne** Zusammenspiel der Jäger*
  - Eigenes Verhalten auf den bewegten Ball abstimmen; situationsangemessene Handlungsentscheidungen fällen („Wo stehe ich am günstigsten?").
  - Gezieltes Werfen des Balls (Auge-Hand-Koordination).
  - Sich einstellen auf Spielverhalten der anderen Spielpartner:
    a. *Handlungsabsichten* der anderen deuten und entschlüsseln („Will er mich abwerfen oder täuscht er nur an?");
    b. *Handlungsmöglichkeiten* der anderen abschätzen („Kann er mich aus dieser Entfernung überhaupt treffen?").
    c. Körpertäuschungen ausführen bzw. darauf reagieren sowie Ballfinten entwickeln bzw. sich darauf einstellen.
    d. Richtung und Tempo von Fremdbewegungen richtig wahrnehmen, eigene Handlungen damit koordinieren (z.B. Abwerfen eines laufenden Spielers).

- *Jägerball **mit** Zusammenspiel der Jäger*
  - Genaues Zuspielen und sicheres Fangen.
  - Taktische Absprachen treffen; innerhalb der *Jäger*-Partei den Raum geschickt aufteilen, um die Abwurfchancen zu verbessern.
  - Kooperatives, mannschaftsorientiertes Spielverhalten: In der Rolle des *Jägers* erfahren Spieler, wie durch kooperatives Handeln Spielerfolge erreichbar werden – obgleich die Kooperation hier von außen veranlasst wird durch Regelvorgaben, die das Abspielen notwendig machen

(Gegenbeispiel *„Völkerball"*, bei dem eher individuelles Handeln gefördert wird.). Die geringeren Erfolgschancen individuell-egoistischen Handelns werden beim *„Jägerball"* schnell erfahrbar, wenn *Jäger* z.B. in aussichtsloser Position (Die *Hasen* stehen weit entfernt.) in eigensinniger Weise einen *Hasen* im Alleingang zu treffen versuchen. Der Zwang zur Zusammenarbeit hilft, die Erkenntnis anzubahnen: 'Gemeinsam erreicht man mehr und es macht zusätzlich auch noch mehr Spaß!' Und es unterstützt zugleich die Absicht der Lehrenden, den Kindern dabei zu helfen, ihre kindliche, egozentrierte Handlungsweise „Ich und mein Ball" zugunsten eines „Wir und der Ball" (vgl. S. 46) zu überwinden.

4. Chance zur befriedigenden Spielteilnahme für jeden
Das Spiel bietet – unter anderem aufgrund der unterschiedlichen Rollenanforderungen von *Jägern* und *Hasen* – gleiche Möglichkeiten zur befriedigenden Teilnahme am Spielgeschehen für alle; eine Aufsplittung in aktive „Stars" und passive „Statisten" wird vermieden, da zum Spielsinn erfüllenden und erfolgreichen Handeln keine besonderen motorischen Voraussetzungen notwendig sind (Gegenbeispiel *„Völkerball"*, bei dem wurfstarke und geübte Werfer – in der Grundform – oft das Spielgeschehen dominieren).

5. Konkurrenzarmes Spiel
Aufgrund der Verschiedenartigkeit der Spielrollen entfällt die unmittelbare, direkte Vergleichsmöglichkeit („Wer ist besser?") zwischen den beiden Spielparteien.[46] Misserfolge Einzelner (Ziel verfehlt als *Jäger*, Abwurf als *Hase*) stehen deshalb nicht im Vordergrund und haben keine augenfällig spielentscheidende Bedeutung. Daher ist auch die Gefahr einer 'öffentlichen Blamage' oder die negativer Sanktionen durch Mitspieler in viel geringerem Maße gegeben.

6. Jemanden treffen – Möglichkeit zu sozialem Kontakt
Treffballspiele wie *„Jäger-"* oder *„Völkerball"* üben auf viele Kinder und Jugendlichen eine geradezu magische Anziehungskraft aus:[47] Schon nach kürzester Zeit vibriert die Halle im Sturm der ausgelösten Gefühle ... Jemanden mit dem Ball zu treffen, auf ein lebendes Ziel zu werfen bzw. zu verhindern,

---

46 Eine Ausnahme davon bilden in dieser Sammlung *„Jägerball als Mannschaftsspiel"* (S. 148) und *„Jägerball mit Gefangenenaustausch"* (S. 150).

47 Die pädagogische Problematik von Treffballspielen wird ausführlicher diskutiert am Beispiel des *„Völkerballs"* – vgl. Bd. 2.

getroffen zu werden, bildet ein immer wieder motivierendes Spielziel: *„Ganz offensichtlich steht dahinter ein uraltes Jagdspiel: Die Beute wird gehetzt, gestellt und erlegt. Als solches hatte es in der Jäger- und Stammesgesellschaft der Vorzeit, und vielleicht noch einige Jahrtausende länger, eine unmittelbare, weil funktionale, d.h. auf den permanenten Kampf ums Dasein bezogene Bedeutung."*[48]

Ob *„Jägerball"* das Ausleben archaischer Verhaltensmuster aus unserer steinzeitlichen Vorgeschichte als Jäger (und Sammler) ermöglicht, kann nur spekuliert werden. Vordergründiger – und wahrscheinlich nachvollziehbarer – ist da schon die Möglichkeit, durch das Treffen eines Mitspielers mit dem Ball zum anderen Kontakt aufnehmen zu können. Dies kann sowohl in positiver als auch negativer Bedeutungsabsicht geschehen:

- Positiv-Beispiel: „He, du bist mir wichtig, zu dir will ich Kontakt. Deshalb bin ich hinter dir her!"
- Negativ-Beispiel: „Ich bin sauer auf dich, ich will mich an dir rächen, ich will dir wehtun. Deshalb will ich dich treffen!"[49]

Gleichgültig, aus welcher Absicht heraus das Treffen-Wollen geschieht: es finden Begegnungen statt, Gefühle können ausgedrückt und Beziehungen gestaltet, gestärkt und (notfalls im anschließenden Auswertungsgespräch) geklärt werden – wichtige und mächtige Antriebe genug, sich mit einer Sache zu beschäftigen!

2.12.2 Spiele ohne Zusammenspiel der Jäger

Jäger und Hasen (Grundform für „Anfänger")

Alter:	Ab 6 Jahren.
Gruppengröße:	Etwa 3–6 *Jäger*, alle übrigen 10–25 Spieler *Hasen*.
Materialien:	Für jeden *Jäger* je ein Softball.
Spielfeldaufbau:	Beim Spiel im Freien ein Spielfeld markieren (ca. 15 x 20 m); in der normalen Halle zählt die ganze Fläche als Spielfeld.

48 SÖLL, W.: Völkerball – Analyse eines beliebten Schulspiels. In: Lehrhilfen für den sportunterricht 10/94, S. 145.

49 Die beiden Handlungsabsichten sind natürliche nicht nur auf der Ebene des Spiels beschränkt. Jemanden, den man mag, möchte man nah sein, ihn „treffen". Hat man mit jemanden etwas abzumachen, dann „wirft" man Worte nach ihm, die ihn „treffen", d.h. zur Einsicht bringen oder sogar verletzen sollen.

Die *Jäger* versuchen, mit ihrem Ball einen *Hasen* zu treffen. Als Treffer zählen nur Würfe, die direkt aus der Luft (ohne vorherige Bodenberührung) einen *Hasen* treffen (vgl. Abb. 42/43). Der getroffene *Hase* tauscht mit dem *Jäger* die Spielrolle.

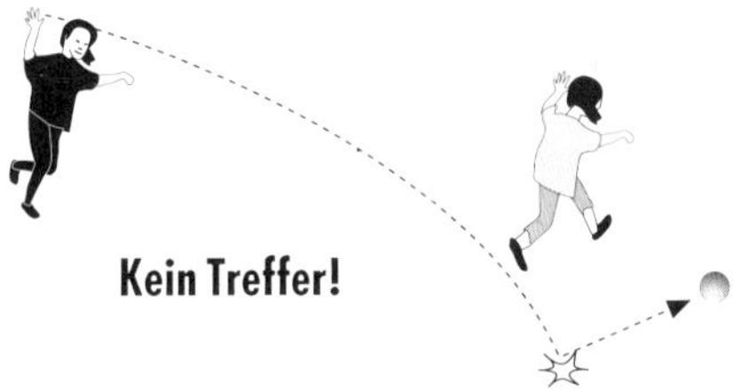

Abb. 42

☞ *Hinweise*

- Diese einfachste Form des *„Jägerballs"* eignet sich nur für jüngere, ballspielunerfahrene Kinder. Bei älteren und geübten Spielern sollte als zusätzliche Regel eine Schrittbegrenzung für die *Jäger* eingeführt werden, da das *Abwerfen* der *Hasen* sonst zu einfach wäre (vgl. Variation: *„Drei Schritte für die Jäger"*). Durch diese Regel wird das Gleichgewicht der Erfolgschancen zwischen *Hasen* und *Jägern* wieder hergestellt.

Abb. 43

- Falls *Hasen* den *Jägern* die auf dem Boden liegenden Bälle wegschießen: vgl. Variation *„Ball berührt - des Hasen Ende"*.

⇒ *Variationen*

- Nur Beintreffer
  Ab 6 Jahren.
  Nur Treffer an den Beinen sind gültig.

- Ballfangen rettet Hasenleben
  Ab 7 Jahren.
  Fängt ein *Hase* den Ball, zählt dies nicht als Treffer (vgl. Abb. 44). Nach dem Fangen wirft er ihn wieder ins Feld zurück.
  Alternative: Mit den Spielern vorher eine Regelung vereinbaren: „Was soll geschehen, wenn ein Hase den Ball aus der Luft gefangen hat?"

Abb. 44

- Ball berührt – des Hasen Ende
  Ab 7 Jahren.
  Jede Ballberührung zählt als Treffer! Einzige Ausnahme: Der Ball wird aus der Luft gefangen.

  ☞ *Hinweis*
  Diese Regel sollte dann vorgeschlagen werden, wenn die *Hasen* beginnen, auf dem Boden liegende Bälle wegzuschießen, sodass die *Jäger* kaum noch Chancen haben, in Ballbesitz zu kommen!

- „Hin und her!"
  Ab 8 Jahren.
  Die gegenüberliegenden Stirnseiten des Spielfeldes bilden Freimale (= „Büsche").
  „Zur Futtersuche" laufen die *Hasen* über das (Spiel-) Feld zwischen beiden „Büschen", in denen die *Jäger* die *Hasen* nicht aufspüren können, hin und her.

  Die *Jäger* versuchen, sie während der Überquerung des Feldes abzuwerfen. Jede Ballberührung zählt als Treffer – außer, der *Hase* kann den Ball fangen. Ein *Jäger* darf denselben *Hasen* nicht zweimal direkt nacheinander abwerfen. Für *Jäger* gilt keine Schrittbegrenzung (Bei spielgeübteren Werfern jedoch Schrittbegrenzung einführen – vgl. ersten Hinweis bei der Grundform!) (s. Abb. 45).

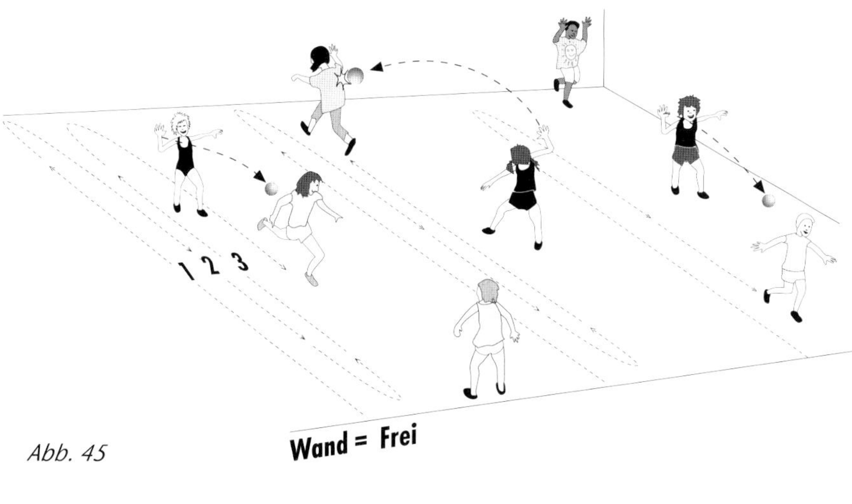

Abb. 45

Ziel der *Hasen* ist es, eine bestimmte Anzahl von Feldüberquerungen zu schaffen (von Freimal zu Freimal = eine Überquerung), ohne dass ihnen die *Jäger* „Schrotlöcher" in ihren „Pelz" werfen.

Wird ohne Wertung gespielt, tauschen freiwillige *Hasen* mit den *Jägern* nach einer festgelegten Zeit die Rolle.

Möglichkeiten für das Spiel mit Wertung:

- Jeder *Hase* läuft achtmal über das Feld: „Habt ihr es mit weniger als ... Löchern im Pelz geschafft?"
- Ziel der *Hasen* ist es, acht Feldüberquerungen ohne Treffer zu laufen. Jeder Abwurf zählt als einen Punkt Abzug vom „Feldüberquerungskonto". Spielende ist, sobald 3/4/5 Spieler die Aufgabe erfüllt haben.
- 2–4 Spieler finden sich zu einer „Hasen-Wettgemeinschaft" zusammen. Sie vereinbaren untereinander, je nach Selbsteinschätzung ihres Ausdauervermögens, eine bestimmte Anzahl von Feldüberquerungen – und zwar entweder acht, zehn, oder zwölf: „Welcher Hase eurer Wettgemeinschaft wird bei den ... Feldüberquerungen insgesamt am wenigsten getroffen?"

☞ *Hinweise*

- Die Spielidee ist sehr laufintensiv und kreislaufbelastend. Deshalb: auf altersentsprechende Anzahl der Laufvorgaben und genügend Erholung zwischen den Spielrunden achten.
- Dass Kinder 'mehr' von diesem Spiel wünschen, wird man nach den ersten Erfahrungen schon bald feststellen können. In vielen Klassen haben Kinder spontan Regelveränderungen vorgeschlagen. Eine dieser Weiterentwicklungen möchte ich im Folgenden vorstellen, um Leser anzuregen, ähnliche Spielveränderungen mit ihren Kindern vorzunehmen.

- Drei Leben für den Hasen

  Ab 9 Jahren.

  Ziel der *Hasen* ist es, das Feld 15-mal ohne Abwurf zu überqueren. Jeder *Hase* hat zu Beginn drei „Leben"; bei jedem Abwurf verliert er eines. Wurde ein *Hase* dreimal getroffen, muss er mit verschränkten Händen hinter dem Kopf stehen bleiben (vgl. Abb. 46), weil er „ohnmächtig" geworden ist.

Ohnmächtig

Abb. 46

Wieder belebt

Abb. 47

Kriecht ein noch lebendiger *Hase* durch die gegrätschten Beine eines „ohnmächtigen“, ist dieser wieder erlöst. Der wieder belebte *Hase* (vgl. Abb. 47) kann seine Läufe nun fortsetzen – jedoch mit nur noch einem „Leben“ –, um seine fünfzehn Feldüberquerungen zu schaffen. Die Punkte für die erfolgreich absolvierten Läufe vor seiner „Ohnmacht“ bleiben ihm erhalten.

Der „Erlöser“-*Hase* darf sich eine Feldüberquerung als Belohnung auf sein Konto gutschreiben; d.h. er braucht eine Bahn weniger zu laufen. (*Alternative:* Der „Erlöser“-Hase erhält für seine Rettungstat ein zusätzliches „Leben“.)

Spielende: Sobald drei Spieler das Spielziel erfüllt haben.

☞ *Hinweise*

- Bei *„Hin und her“* wird Ehrlichkeit als wichtige Spieltugend in besonderer Weise verlangt. Nicht alle Spieler jedoch sind so tugendhaft: mit Klagen übers „Schummeln“ werden wir uns deshalb höchstwahrscheinlich auseinander setzen müssen (Vgl. den dritten Hinweis zu *„Ehrlichkeitsball“*, S. 74.)
- Möchte man die Bemühungen um Ehrlichkeit beim Spielen unterstützen und ein gewisses Maß äußerer Kontrollmöglichkeiten schaffen, bietet es sich an, jedem Spieler drei Plastikstreifen oder drei Wäscheklammern als symbolische „Leben“ zuzuteilen. Bei einem Abschlag muss jeweils ein „Lebenszeichen“ abgegeben werden.

- Drei Schritte für die Jäger
  Ab 9 Jahren.
  Der *Jäger* darf sich mit Ball nur drei Schritte fortbewegen, dann muss geworfen werden (vgl. Abb. 48). Mit dem Ball zu prellen, ist nicht erlaubt.

Abb. 48

- Jägerball mit Schutzschild
  Ab 9 Jahren.
  4–6 *Jäger*, jeder mit einem Softball. Jeder *Hase* hat einen Medizin-/Basket- oder anderen großen Ball (= „Schutzschild").
  Die *Hasen* halten ihren „Schutzschild" vor dem Körper gegen die Abwürfe der *Jäger* (vgl. Abb. 49).
  Nur Körpertreffer gelten als Abwurf. Nicht als Treffer zählen „Erdbälle", d.h. Würfe, die vor der Körperberührung auf dem Boden aufprellen.
  Die *Jäger* dürfen mit Ball nur drei Schritte laufen.
  Getroffene *Hasen* tauschen mit dem erfolgreichen *Jäger* die Rolle (und den „Schutzschild").

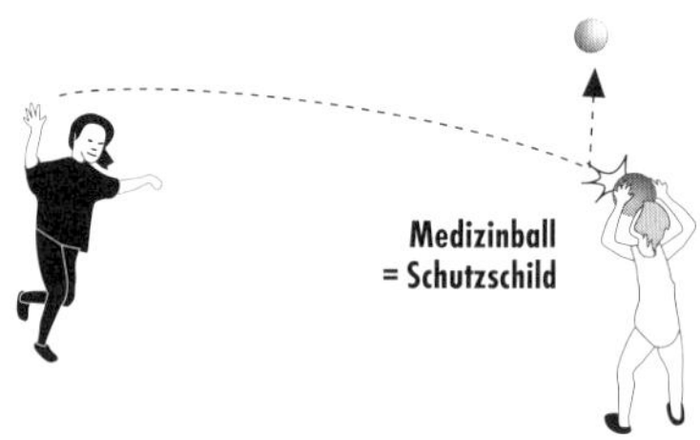

Abb. 49

Jeder gegen jeden (= „Zufalls-Jägerball")

(Vorbemerkung: Alle Spielideen dieses Abschnitts sind streng gesehen Variationen der *„Grundform"*. Der besseren Übersicht halber werden sie jedoch als eigenständige Spielform gesondert aufgeführt.)

Alter: Ab 9 Jahren.
Materialien: 4–6 Softbälle, eine Langbank.

Grundregel dieser Spielidee: Jeder *Hase* darf jederzeit einen am Boden liegenden bzw. rollenden Ball aufnehmen und dadurch die Rolle des *Jägers* übernehmen. (Ein *Jäger* wird also nach einem Wurf wieder zum *Hasen*!)

Der Spielleiter wirft zu Beginn die Bälle ins Spielfeld ein. Wer einen Ball erwischt, ist zunächst *Jäger*. Mit Ball darf ein *Jäger* maximal nur drei Schritte laufen.

1

Abb. 50

Getroffene *Hasen* setzen sich auf die Bank und merken sich ihren Abwerfer: Sobald dieser nämlich getroffen wird, sind alle von ihm zuvor erlegten *Hasen* wieder frei (vgl. Abb. 50–51).

Fängt ein *Hase* den Ball, ist der *Jäger* dadurch „zur Strecke gebracht" und muss nun solange auf die Bank, bis 'sein' (Fänger-) *Hase* abgetroffen wird (vgl. Abb. 52–53).

2

Abb. 51

☞ *Hinweis*

Die zweite Möglichkeit des Ausscheidens aus dem Spiel – durch Ballfangen eines *Hasen* –, sollte erst dann eingebracht werden, wenn die erste ihren sicheren Platz in den Spielerköpfen gefunden hat.

3

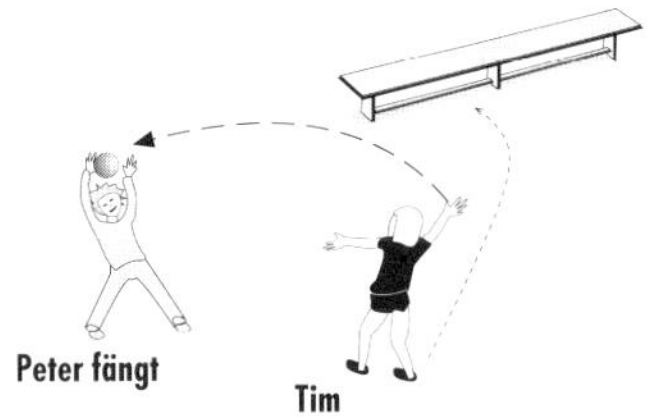

Abb. 52

⇒ *Variationen*

- Ball oder Jäger berühren

  Ab 9 Jahren.

  4–6 Softbälle.

  Abgeworfene *Hasen* müssen, um sich wieder zu erlösen, auf allen vieren umherkrabbeln und versuchen, einen Ball oder *Jäger* zu berühren.

  (Alternative: Fortbewegungsregel für abgeworfene Spieler: auf einem Bein hüpfen.)

4

Abb. 53

- Jäger oder Hasen abwerfen
  Ab 9 Jahren.
  5–9 Softbälle.
  Wer abgeworfen wurde, bewegt sich auf allen vieren und versucht, einen umherrollenden oder -fliegenden Ball zu bekommen und damit – aus der Sitzposition – einen *Jäger* oder *Hasen* abzuwerfen, der sich nun seinerseits auf allen vieren weiter fortbewegen muss ...

- Erlösen durch „Ballkunststücke"
  Ab 9 Jahren.
  Weiterhin gilt die Regel: Wer in Ballbesitz gelangt, wird *Jäger*.
  Abgeworfene *Hasen* müssen bestimmte Aufgaben mit Ball an der Wand – ähnlich wie bei der sogenannten „Zehner-Ballprobe"[50] – ausführen, um sich wieder zu erlösen.

  Beispiele:
  1. Den Ball von einer Markierung aus gegen die Wand werfen und mit beiden Händen fangen. Es gibt drei unterschiedlich weit entfernte Abwurflinien. Die geforderte Anzahl der erfolgreichen Versuche richtet sich nach dem gewählten Abstand.
     Beispiel:
     – Wurf von der nahesten Abwurflinie = sechs Wiederholungen;
     – Wurf von der mittleren Abwurflinie = vier Wiederholungen;
     – Wurf von der weitesten Abwurflinie = zwei Wiederholungen.
  2. Mit einem Partner sich gleichzeitig je einen Ball zuwerfen; beide müssen dreimal hintereinander gefangen haben.
  3. Dreimal den Ball mit einer Hand gegen die Wand werfen und mit einer Hand wieder fangen.
  4. Differenzierung nach Schwierigkeitsgrad und Häufigkeit:
     Die Spieler wählen nach jedem Abwurf zwischen drei verschiedenen Aufgaben, die sie in der geforderten Wiederholungsanzahl erfolgreich ausführen müssen, um wieder mitspielberechtigt zu sein:
     a) Ball durch die gegrätschten Beine rückwärts gegen die Wand werfen, sich umdrehen und den Ball auffangen: Wiederholung – eine.

---

50 Vgl. MÜLLER 1995, a.a.O., S. 86-88 sowie 111ff.

b) Ball rückwärts über den Kopf mit beiden Händen werfen, sich umdrehen und den Ball fangen: Wiederholungen – drei.
c) Ball gegen die Wand werfen und vor dem Auffangen des Balls zwei- oder dreimal in die Hände klatschen: Wiederholungen – fünf.

☞ *Hinweis*
Für die Aufgaben 2.–4. gilt: Den Abstand zwischen Werfer und Wand bzw. zwischen den Partnern legen die Spieler individuell selbst fest: „Bestimmt den Abstand je nach eurem Können: Es soll nicht zu leicht und nicht zu schwierig sein!"

Erlösen aus dem Hasenstall

Alter:	Ab 8 Jahren.
Gruppengröße:	3–4 *Jäger*, 3–4 *Stallwächter*, 10–20 *Hasen*.
Materialien:	Pro *Jäger* ein Softball; verschiedenfarbige Parteibänder für *Jäger* und *Stallwächter*.
Spielfeldaufbau:	An einer Stirnseite des Spielfeldes eine Zone von 4–6 m als „Hasenstall" markieren.

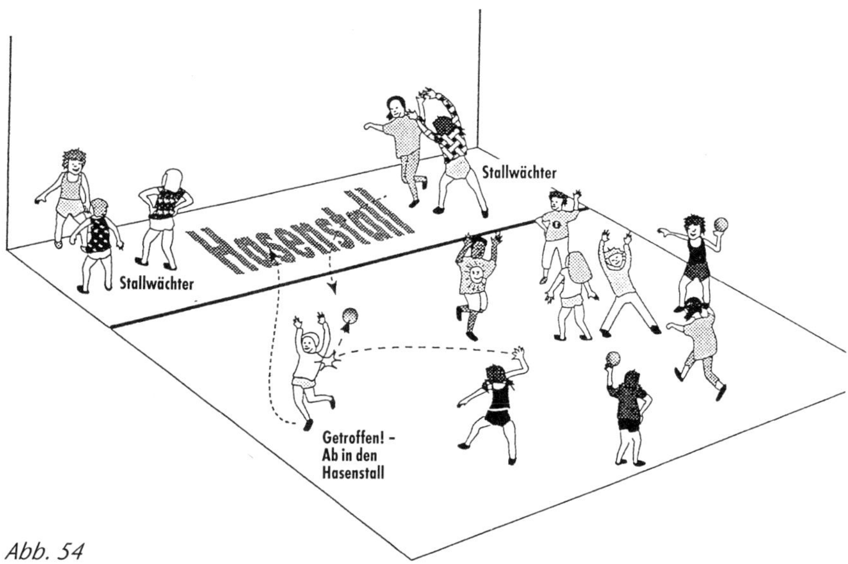

Abb. 54

Abgeworfene *Hasen* werden in den „Hasenstall" der *Jäger* eingesperrt und müssen versuchen, von dort wieder auszubüchsen, ohne dabei von einem der *Stallwächter* abgeschlagen zu werden (vgl. Abb. 54, S. 137)

Schafft der *Hase* es, ist er wieder erlöst. Wird er bei seinem Ausbruchversuch hingegen abgeschlagen, wechselt er die Rolle mit dem entsprechenden *Stallwächter*, der seinerseits als *Hase* ins Spielfeld zurückkehrt.

Die *Stallwächter* dürfen nur innerhalb des „Hasenstalls" jagen: An der Wand (bzw. auf der Grundlinie des Spielfeldes beim Spiel im Freien) sind die *Hasen* jedoch frei!

Mit Ball dürfen die *Jäger* maximal drei Schritte laufen.

☞ *Hinweis*

Bei jüngeren Spielern – zur Spielvereinfachung – anfangs ohne Schrittbegrenzung spielen und nur mit ein oder zwei *Jägern* beginnen.

Jagt die Jäger!

Alter: Ab 9 Jahren.

Gruppengröße: 2–4 *Jäger*, 12–25 *Hasen*.

Materialien: Pro *Jäger* ein Softball, Parteibänder für die *Jäger* und zusätzlich ca. fünfzehn andersfarbige Bänder.

Jeder Ballkontakt des *Hasen* bedeutet Abwurf – es sei denn, der *Hase* fängt den Ball.

Abgeworfene *Hasen* bekommen ein Parteiband und werden zu *Hasenschützern.* Diese stellen sich vor die freien *Hasen* und beschützen sie so vor dem Abwurf durch die *Jäger*.

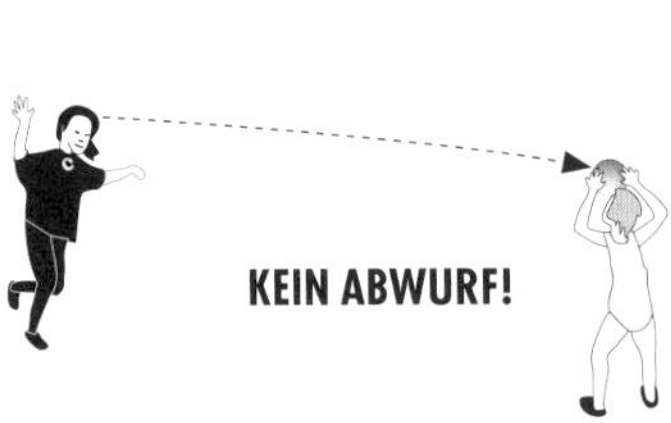

Abb. 55

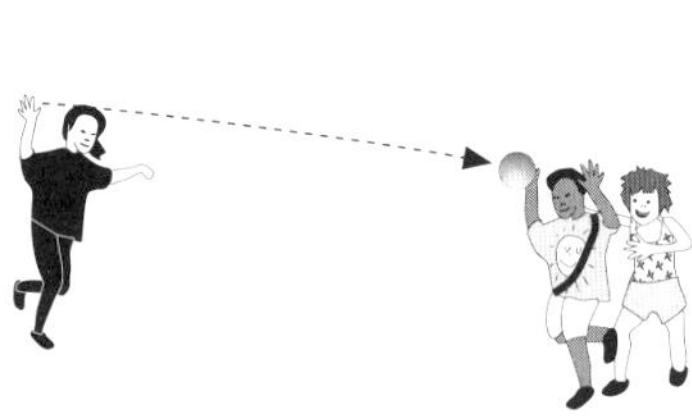

Abb. 56

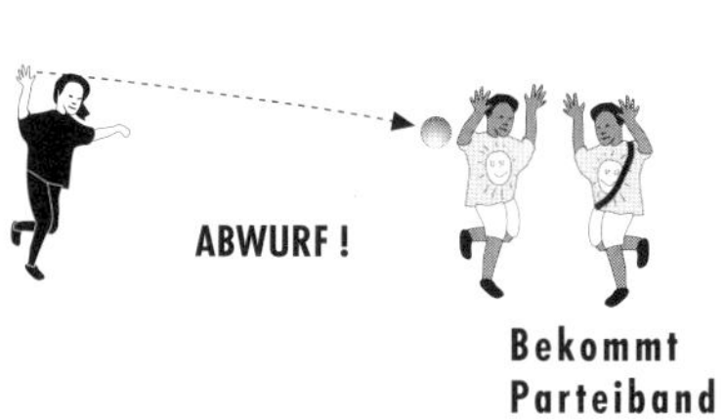

Abb. 57

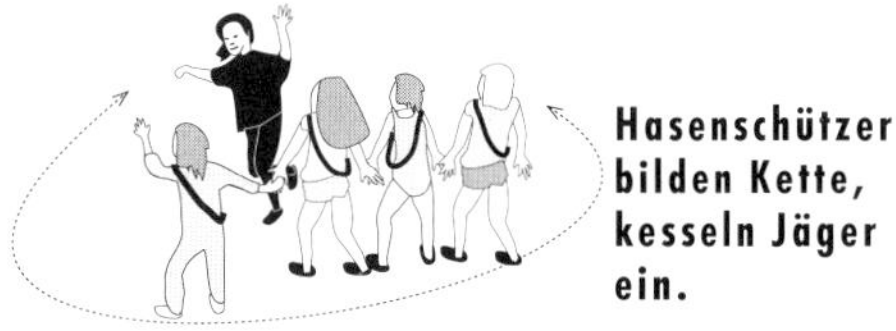

Abb. 58

Sind genug *Hasenschützer* beisammen, versuchen sie, die *Jäger* auszuschalten, indem sie eine Kette bilden und die *Jäger* – einzeln nacheinander – einkesseln.

Die *Jäger* dürfen nur an den Seiten entwischen: unter den Armen hindurch ist verboten!

Gefangene *Jäger* verlieren ihren „Posten" und werden auch zu *Hasen*.

☞ *Hinweise*

- Bei jüngeren Kindern ohne Schrittbegrenzung für die *Jäger* spielen, bei älteren mit der „Drei-Schritt-Regel".
- Der besondere Reiz dieser Spielform liegt darin, dass, sobald genügend *Hasenschützer* beisammen sind, die *Jäger* zu Gejagten der *Hasenschützer* werden. Bis Kinder diese Möglichkeit aber richtig erkannt und sich zum 'offensiven Hasenschutz' organisiert haben, braucht es einige Zeit. Deshalb: mehrmals spielen lassen.

Jägerball mit Dackel

Alter: Ab 9 Jahren.
Gruppengröße: 3–5 (feste) *Jäger*.
Materialien: Pro *Jäger* ein Softball.

Ziel der *Jäger* ist es, alle *Hasen* in *Dackel* zu verzaubern. Die *Jäger* dürfen mit Ball nur drei Schritte laufen.

Ein *Hase* ist nach einem Abwurf zum *Dackel* verwandelt und darf sich nur noch auf allen vieren fortbewegen (vgl. Abb. 59, S. 140). Jede Ballberührung eines *Hasen* zählt als Abwurf – außer er fängt den Ball aus der Luft.

Die *Dackel* können auf zwei Arten erlöst werden:

1. Sie können sich selbst erlösen, indem sie einen *Jäger* „beißen", d.h. berühren (vgl. Abb. 60). Der „Gebissene" darf den jeweiligen *Dackel* jedoch nicht sofort wieder abwerfen! („Daran kann der geplagte Jäger in diesem Augenblick gar nicht mehr denken!")
2. Kann ein *Hase* einen Ball fangen, darf er ihn einem *Dackel* zuwerfen, der dadurch von seinem elenden Hundedasein befreit ist.
   Aber: Der erlöste *Dackel* darf den Ball nicht einem anderen *Dackel* zum Erlösen zuspielen („Ball einfach liegen lassen!").

Abb. 59

Abb. 60

☞ *Hinweis*
Bei älteren Spielern *muss* mit einer Schrittbegrenzung gespielt werden, bei jüngeren Kindern kann sie – je nach Wurfkönnen – aufgehoben werden.

2.12.3 Spiele mit Zusammenspiel der Jäger

Treibjagd

Alter:	Ab 9 Jahren.
Gruppengröße:	Spielgruppen mit jeweils vier *Jägern* und 2–4 *Hasen*.
Materialien:	Pro Spielgruppe ein Softball; Markierungskegel oder Kreide zur Spielfeldmarkierung.
Spielfeldaufbau:	Quadrat mit einer Seitenlänge von etwa 4–6 m. Die *Jäger* stehen außerhalb an je einer Seite des Vierecks, die *Hasen* innerhalb (vgl. Abb. 61).

Die *Jäger* haben die *Hasen* bei ihrer Treibjagd umzingelt und versuchen nun, diese abzuwerfen. Nur direkte Körpertreffer zählen als Abwurf. Getroffene *Hasen* tauschen mit dem erfolgreichen Werfer.

Abb. 61

☞ *Hinweis*

Die Vereinfachung des Zusammenspieles innerhalb der *Jäger*-Mannschaft geschieht hier durch statische, festgelegte Positionen für die *Jäger*.

⇒ *Variationen*

- Wehe der Hase fängt ...

  Ab 9 Jahren.

  Kann ein *Hase* den Ball fangen, so – wahlweise – ...:

  a.) erfolgt Rollentausch zwischen *Hase* und Werfer;

  b.) tauschen alle *Hasen* mit den *Jägern* – jedoch nur in dem Fall, dass sich vier *Hasen* im Feld befinden; (Vorschlag: Sind es weniger als vier *Hasen*, sollen die Spielgruppen selbst eine Vereinbarung zum Auswechseln finden.);

  c.) müssen die *Jäger* Aufgaben ausführen, die vor Spielbeginn gemeinsam mit allen Spielern – bzw. von den einzelnen Spielgruppen – abgesprochen wurden.

  Beispiele: Der *Jäger*, dessen Wurf gefangen wurde, muss eine Runde laufen. Alle *Jäger* müssen zehn Kniebeugen machen ...

- Handabwehr
  Ab 9 Jahren.
  Die *Hasen* dürfen den Ball mit den Händen abwehren. Es zählen nur Körpertreffer.
  Die *Hasen* können den Wurf mit einem großen Ball abwehren (vgl. *„Jägerball mit Schutzschild"*, S. 134).

- Nur ...-Treffer zählen
  Ab 9 Jahren.
  - Nur Aufsetzertreffer sind erlaubt (Der Ball muss vor dem Abwurf einmal auf dem Boden aufprellen.). Fangen ist nicht möglich.
  - Nur Beintreffer sind erlaubt.
  - Nur Treffer mit dem „schwachen" *Jäger*-Arm sind erlaubt.

Die Jäger kommen!

Alter:	Ab 9 Jahren.
Gruppengröße:	2–4 *Jäger*-Teams mit je zwei Spielern, 12–25 *Hasen*.
Materialien:	Pro Team ein Softball (nach Möglichkeit handballgroß). Jeweils 2–3 Parteibänder in 2–3 verschiedenen Farben, um damit die *Jäger*-Teams zu markieren („Grünröcke", „Gelbröcke", „Rotröcke").

Die *Jäger* dürfen mit Ball maximal drei Schritte laufen, dann müssen sie zu ihrem Team-Partner abspielen oder einen Wurf auf einen *Hasen* riskieren.

Wurde ein *Hase* abgeworfen, erfolgt Rollentausch mit dem erfolgreichen *Jäger* (vgl. Abb. 62, S. 143).

Ziel der *Hasen*: „Welcher Hase bekommt keine Schrotladung auf den Pelz, sodass er mit heiler Haut davonkommt?"

☞ *Hinweise*

- Die Vereinfachung für das Zusammenspielen innerhalb der *Jäger*-Teams erfolgt durch Reduzierung auf die Minimalanzahl einer Mannschaft – nämlich zwei Spieler. Sobald die Spieler diese Anforderung problemlos erfüllen, wird die Anzahl der *Jäger* um je einen erweitert. Mehr als vier *Jäger* sollten es jedoch nicht sein (vgl. *„Vorbemerkungen"*, Punkt 2, S. 124).
- Dies ist die erste Spielidee, bei denen Spieler zur Erfüllung des Handlungsziels nicht nur kooperieren müssen, sondern sich *gleichzeitig* im

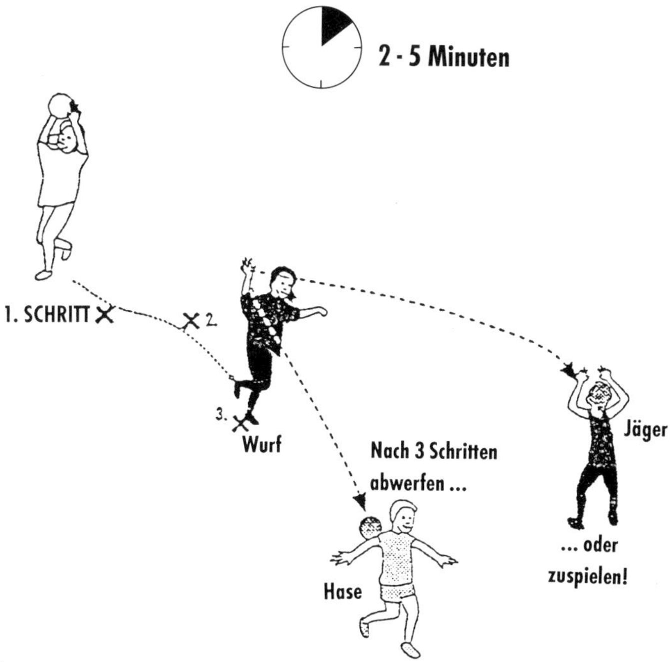

Abb. 62

Raum frei bewegen können (= Raumverhalten erlernen und gestalten). Diese qualitativ neue Anforderung ist hier noch beschränkt auf eine kleine Gruppe. Das Spiel bietet daher eine ausgezeichnete Lerngelegenheit zum Hineinwachsen in die nächste Schwierigkeitsstufe – nämlich Spiele zwischen zwei 'richtigen' Mannschaften.

⇒ *Variation*

- Jägerball mit Heckenschutz

  Ab 9 Jahren.

  2–3 feste *Jäger*-Teams mit jeweils 2–4 *Jägern*, 3–5 *Hecken*spieler (Die *Hecken* markieren und von den *Jäger*-Teams farblich absetzen – vgl. Abb. 63, S. 144), 10–20 *Hasen*.

  Ein Softball für jedes *Jäger*-Team.

  Gleiche Spielidee wie zuvor. Die *Hasen* können jetzt aber Schutz suchen hinter den *Hecken*, die sich frei im Spielfeld bewegen können. Mit Ball

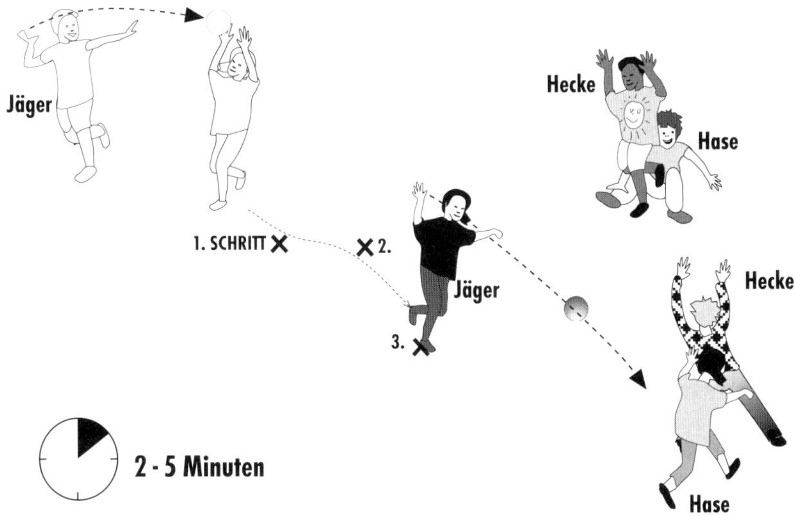

Abb. 63

dürfen die *Jäger* weiterhin nur maximal drei Schritte gehen. *Hasen* und *Hecken* tauschen ihre Spielrollen nach Belieben. (*Alternative:* Rollentausch nach jeder Spielrunde.)

Revierjäger

Alter: Ab 9 Jahren.

Gruppengröße: Vier Spielgruppen mit je 5–8 Spielern. Jede Spielgruppe bestimmt zwei *Jäger*.

Materialien: Vier Softbälle, acht Parteibänder; Markierungshütchen.

Spielfeldaufbau: Die Spielfläche wird in vier gleiche Teile aufgeteilt; jeder Spielgruppe wird ein Viertel (= „Revier") zugewiesen (vgl. Abb. 64, S. 145).

Die *Jäger* versuchen, durch geschicktes Zusammenspielen möglichst viele *Hasen* abzuwerfen, die nach einem Abwurf jedoch im Spiel bleiben (siehe Aufgabenmöglichkeiten).

Die *Jäger* dürfen mit Ball nur drei Schritte laufen.

Abb. 64

Nach einer vorher festgelegten Zeit (2–3 Min.) oder nach Erfüllung der gestellten Aufgabe werden zwei neue *Jäger* bestimmt.
Aufgabenmöglichkeiten:

- Jeder *Hase* versucht, in der „Jagdzeit" ohne Abwurf zu bleiben.
- Die *Jäger* versuchen, mindestens zehn *Hasen* für ihr „Festmahl" zu erlegen.
- Jeder *Hase* hat drei „Leben". Wurde ein *Hase* dreimal abgeworfen, muss er Extra-Aufgaben erledigen zum Wiedererlösen (z.B. zehn Kniebeugen, dem Spielleiter einen Witz erzählen, ...). Von nun an hat er jedoch nur noch ein neues „Leben".

⇒ *Variation*

- Jedem Jäger sein Revier!
  Ab 9 Jahren.
  In jedem Spielfeldviertel befinden sich zwei feste *Jäger*, die nur in ihrem „Revier" jagen dürfen. Die *Hasen* hingegen dürfen sich nach Belieben im ganzen Spielfeld bewegen! (Aufgaben wie oben)

Jagdzeit

Alter: Ab 10 Jahren.
Gruppengröße: 3–5 *Jäger* bilden ein festes Team; 12–25 *Hasen*.
Materialien: Pro *Jäger* ein Softball.

Ziel der *Jäger* ist es, in einer bestimmten Zeit (2–3 Min.) eine vorher festgelegte Anzahl von *Hasen* zu „erlegen" (20–50), die nach einem Abwurf „unversehrt" weiterspielen können.

Jeder *Jäger* merkt sich seine Trefferzahl; am Ende der Spielzeit werden die gesamten Treffer des Teams addiert. Haben sie die Vorgabe geschafft: „Bravo!", sind sie darunter geblieben: „Üben!"

Jäger dürfen einen *Hasen* nicht zweimal direkt hintereinander abwerfen. Mit Ball dürfen sie (weiterhin) nur drei Schritte laufen.

Aber: Fängt ein *Hase* den Ball, so zählt es nicht als Treffer – und zusätzlich wird dieser Ball aus dem Spiel genommen! Mit jedem Ball, den die *Hasen* fangen können, steigen somit ihre 'Überlebensmöglichkeiten' und sinken gleichzeitig die Jagdchancen der *Jäger* (vgl. Abb. 65).

☞ *Hinweis*

Am Anfang ist jeder *Jäger* noch im Besitz eines Ball. Im Spielverlauf verlieren die *Jäger* zumeist schnell zwei oder drei Bälle, sodass ein Zusammenspielen erforderlich wird.

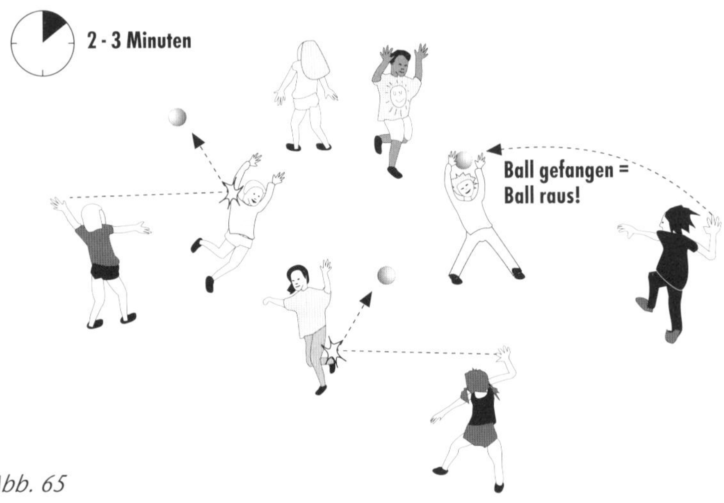

Abb. 65

Jägerball mit Zusatzleben

Alter: Ab 10 Jahren.
Gruppengröße: Ein *Jäger*-Team mit 3–4 Spielern.
Materialien: Ein Softball, 3–4 Parteibänder für die *Jäger* und zusätzlich 20–40 andersfarbige Bänder (= „Lebensbänder").

Die *Jäger* bilden für die Spielrunde ein festes Team.

Mit Ball dürfen sie nur drei Schritte laufen.

Abgeworfene *Hasen* müssen eine zuvor festgelegte Extra-Aufgabe ausführen (z.B. eine Runde ums Spielfeld laufen), um sich wieder zu erlösen.

Abb. 66

Jede Ballberührung zählt als Abwurf. Ausnahme: Der *Hase* fängt den Ball. Dann ist der *Hase* nicht nur nicht abgeworfen, sondern er erhält außerdem ein „Zusatzleben" („Lebensband" vom Spielleiter holen).

Abb. 67

Bei einem Abwurf gibt der *Hase* ein „Lebensband" zurück – und die Extra-Aufgabe bleibt ihm erspart.

☞ *Hinweis*

Sobald die Regeln klar geworden sind, sollte die Lerngruppe (bei ca. 30 Spielern insgesamt) in zwei getrennte Spielgruppen (auf zwei Spielfeldern) zur Steigerung der Bewegungsintensität geteilt werden.

(*Alternative:* Am Beispiel von zwei Mannschaften die Spielidee vorführen; die beiden anderen schauen solange zu, bis alle Fragen geklärt sind.)

Abb. 68

Welches Jäger-Team wird Schützenkönig?

Alter: Ab 11 Jahren.

Gruppengröße: (Bei 24–30 Spielern): Lerngruppe in sechs Teams mit je 3–5 Spieler einteilen; es spielen immer 2 Teams gegeneinander (A – B, C – D, E – F), wobei ein Team zunächst die *Jäger-*, das andere die *Hasen*-Partei ist.

Materialien: 2–3 Softbälle; Parteibänder für die Hälfte der Lerngruppe.

Spielfeldaufbau: Spielfläche in drei Felder teilen.

Die A-*Jäger* versuchen, durch geschicktes Zusammenspiel innerhalb einer bestimmten Zeit (3–5 min), so viele B-*Hasen* wie möglich abzuwerfen. (Entsprechendes gilt für die anderen Teams!)

Für jeden Abwurf erhält das *Jäger*-Team einen Punkt; jede Berührung eines *Hasen* mit dem Ball zählt als Treffer – Ausnahme: Fängt ein *Hase* den Ball, gibt es einen Punkt für die *Hasen*! (Der gefangene Ball wird ins Feld zurückgeworfen.)

Mit Ball dürfen die *Jäger* nur drei Schritte laufen.
Nach Ablauf der ersten Spielzeit erfolgt Rollentausch. Am Spielende wird der „Schützenkönig" ermittelt: „Welches der sechs Teams hat die meisten Hasen zur Strecke gebracht?"

⇒ *Variationen*

- Abwurf nur nach Zuspiel
  Ab 11 Jahren.
  Ein *Jäger* hat nur Wurfrecht, wenn er den Ball nach Zuspiel eines *Jäger*-Mitspielers gefangen hat.

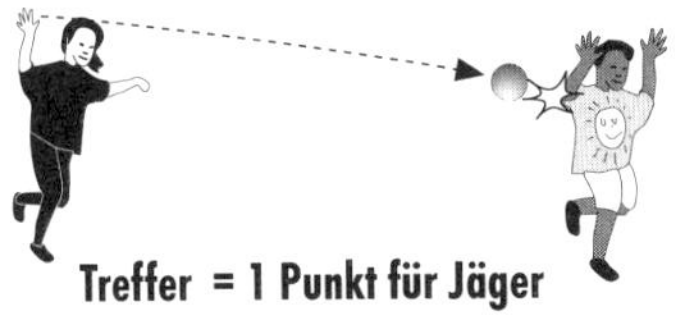

Abb. 69

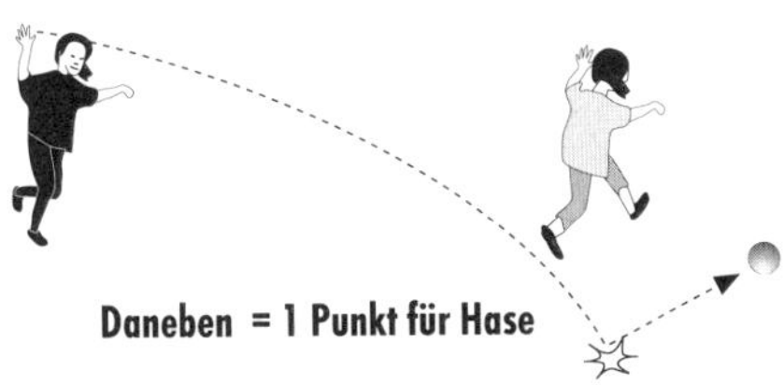

Abb. 70

- Punktwertung für Jäger und Hasen
  Ab 12 Jahren.
  Spiel mit veränderter Punktwertung (vgl. Abb. 69-71):
  - *Jäger* trifft *Hasen*: ein Punkt für *Jäger*;
  - *Jäger* wirft vorbei: ein Punkt für *Hasen*;
  - *Hase* fängt Ball: zwei Punkte für *Hasen*.

  Bei Spielhalbzeit erfolgt Rollenwechsel. Am Ende wird die Gesamtpunktzahl jedes Teams aus beiden Halbzeiten addiert.

  ☞ *Hinweise*
  - Jeder *Jäger* zählt seine Treffer zunächst selbst, am Ende rechnen alle *Jäger* ihre Trefferausbeute zusammen. Bei den *Hasen* wird ein „Zähler" eingesetzt, der die Anzahl der vorbeigeworfenen Würfe addiert. Die Punkte für gefangene Bälle zählt jeder *Hase* für sich; sie werden am Schluss zum übrigen Ergebnis hinzugerechnet.

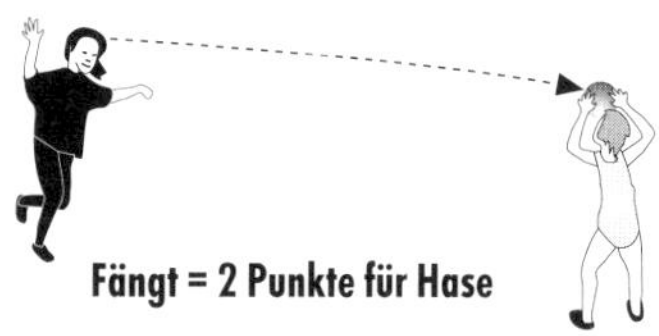

Abb. 71

    (*Alternative:* Jeder *Hase* zählt die nach ihm geworfenen Fehlversuche selbst und rechnet sie als Pluspunkte für seine Partei.)
  - Dass diese Spielidee ein Höchstmaß an Wachheit und Spielübersicht voraussetzt, ist offensichtlich – deshalb: in der Regel erst ab zwölf Jahren oder für geübte Spieler geeignet.

- Mit Rollentausch
  Ab 12 Jahren.
  Jäger und *Hasen* wechseln sofort die Spielrollen, wenn
  - die *Jäger* einen Fehlwurf machen;
  - ein *Hase* den Ball fängt;
  - der Ball vom Boden aufgenommen und sofort ein *Hase* abgeworfen wird, ohne vorher mindestens einmal zu einem *Jäger*-Mitspieler abgespielt zu haben;
  - der Ball beim Zuspielen vom *Jäger*-Mitspieler nicht gefangen wird.

☞ *Hinweise*

- Die vier Regeln legen die Anforderungslatte schon recht hoch. Sie sollten daher nicht auf einmal, sondern nacheinander eingeführt werden; denn sonst kommt es zu Verarbeitungsproblemen in den Spielerköpfen.
- Zum Zählen der Punkte sind zwei Formen möglich:
  a) Jeder Spieler (als *Jäger*) zählt allein seine erzielten Treffer.
  b) Pro Team wird je ein Zähler bestimmt.

Jägerball mit Gefangenenaustausch

Alter: Ab 12 Jahren.
Gruppengröße: Zwei Mannschaften mit jeweils 4–6 Spielern.
Materialien: Für zwei Mannschaften ein Softball und eine Bank.
Spielfeldaufbau: Am Spielfeldrand wird für beide Mannschaften gemeinsam eine Langbank aufgestellt (= „Gefangenenbank"); jeder Partei wird eine Bankhälfte zugeordnet, die Bankmitte markiert.

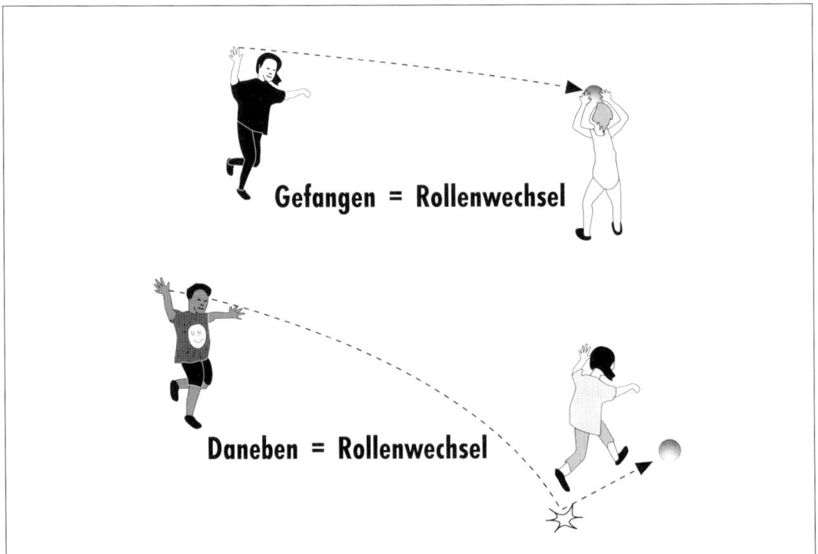

Abb. 72 und 73

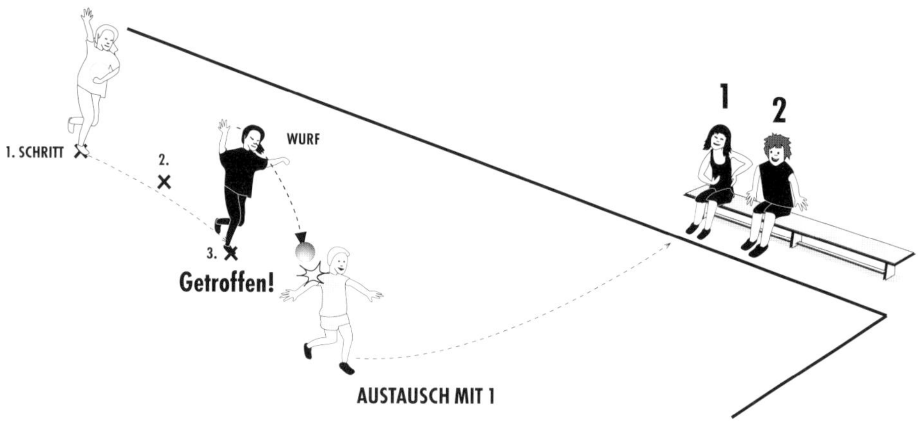

Abb. 74

Eine Mannschaft wird durch Auslosen als *Jäger*-Partei bestimmt. Ballbesitzende *Jäger* dürfen sich nur drei Schritte mit Ball fortbewegen.

Fängt ein *Hase* den Ball (vgl. Abb. 72) oder geht der Wurf eines *Jägers* vorbei (vgl. Abb. 73), erfolgt sofort Rollenwechsel der beiden Mannschaften.

Wird ein *Hase* abgeworfen, verlässt er das Feld und setzt sich auf die „Gefangenenbank". Sammeln sich mehrere Spieler einer Mannschaft auf der Bank, setzen sie sich in der Reihenfolge ihres Abwurfes hin. („Frisch abgeworfen – hinten ans Ende!")

Sitzt bereits ein Spieler der anderen Mannschaft ebenfalls auf der Bank, schüttelt der abgeworfene *Hase* diesem die Hand: Dadurch sind beide für ihre Partei wieder spielberechtigt (vgl. Abb. 74).

Sitzen auf der Bank mehrere Gegenspieler: „Mit demjenigen tauschen, der dort schon am längsten wartet!" (= Der Spieler, der am nächsten zur Bankmitte sitzt.)

Spielziel: „Welche Mannschaft hat nach Ablauf einer bestimmten Zeit weniger Spieler auf der Bank sitzen?"

☞ *Hinweise*

- Zur Einführung der Spielidee empfiehlt sich folgendes Vorgehen: Zwei Mannschaften spielen, die Übrigen schauen zu. Anhand der Demonstrationsgruppe werden das Spiel und – mit Sicherheit auftauchende – Regelfragen sofort in der Gesamtgruppe geklärt. Anschließend spielen alle Spielgruppen auf getrennten Feldern.
- Das Spiel stellt höchste Anforderungen an die Spielfähigkeit. Es verlangt zum einen von den Spielern ein hohes Maß an Orientierungs- und Reaktionsfähigkeit sowie Sicherheit im Fangen und genauen Zuspielen. Darüber hinaus müssen sie gelernt haben, sich als ballbesitzende Partei gut im Raum zu verteilen und den Ball innerhalb ihres Teams 'laufen' zu lassen; denn deuten Kinder den Ball vorrangig noch als „Besitz", kommt kein Spielfluss und damit schnell Langeweile auf. In einem Satz: Das Spiel ist wirklich nur für ältere oder sehr spielgeübte Kinder geeignet; verfügen sie aber über die nötigen Voraussetzungen, genießen sie dieses Spiel sehr aufgrund des abwechslungsreichen, dynamischen Spielverlaufs.

Literatur (Spielesammlungen)

Sammlungen für Kleine Ballspiele gibt es mittlerweile wie Sand am Meer. Das folgende Verzeichnis kann daher nur einen Ausschnitt wiedergeben.

ALBERTI, H./ROTHENBERG, L.: Spielreihen in der Spielschulung. Von den kleinen zu den großen Sportspielen. Schorndorf 1975.

BUCHER. W. (Red.): 1015 Spiel- und Kombinationsformen in vielen Spielarten. Schorndorf 1989.

DÖBLER, E. und H.: Kleine Spiele. Berlin (Ost) 1975[9] sowie Berlin 1992.

GLORIUS, S./LEUE, W.: Ballspiele. Band 1 und 2, Aachen 1996.

GÜNZEL, W.: Spiele: vermitteln und erleben – verändern und erfinden. Baltmannsweiler 1990.

KELLER, R.: Ballspielen lernen. Zürich 1991.

KERKMANN, K.: Kleine Parteiballspiele. Schorndorf 1975.

KERKMANN, K.: Wir spielen in der Grundschule. Schorndorf 1976[4].

KOCH, K.: Kleine Sportspiele. Schorndorf 1972.

KOLB, M.: Mit Regeln spielen – Basket-Ballspiele spielen. In: Zeitschrift „sportpädagogik“ 1/95, S. 52–57.

KOLLER, A.: Zur Förderung leistungsschwächerer Ballspieler. In: Zeitschrift „Leibesübungen – Leibeserziehung“ 2/93, S. 9–14.

IPTS (Landesinstitut Schleswig-Holstein für Praxis und Theorie der Schule: Schreberweg 5, 24119 Kronshagen). Kronshagen 1993.

LANG, H.: Spielen – Spiele – Spiel. Schorndorf 1992.

LAUTWEIN, T.: Sportliches Spielen in der Grundschule. Schorndorf 1978.

LÖSCHER, A.: Kleine Spiele für alle. Berlin (Ost) 1986.

MEDLER, M./SCHUSTER, A.: Ballspielen. Neumünster 1996.

MÜLLER, B.: Ball-Grundschule. Dortmund 1995.

SCHUBERT, R. u.a.: Spielekartothek 1 (Kleine Spiele mit Bällen). Münster 1987.

SWOBODA, J.: Sportspiele verändern. In: Betrifft Sport, 3/96, S. 5–14 (Teil 1) und 4/96, S. 5–13 (Teil 2).

Zeitschrift SPORTPÄDAGOGIK 6/91: Hand-Ballspiele. Friedrich-Verlag, Seelze.

WALTER, M.: Spiel und Sport an jedem Ort. Schorndorf 1991.

4 Alphabetisches Spieleverzeichnis

Beachte: Es werden nur die Grundformen oder Spiele aufgeführt, die in diesem Band beschrieben sind.

Die mit einem * gekennzeichneten Spiele sind gut für beengte Hallenbedingungen geeignet.

Adressen

DTB-Akademie, Otto-Fleck-Schneise 8,

60528 Frankfurt, T (0 69) 67 80 11 34

Mitglieds- und Landesturnverbände

Badischer Turner-Bund, Geschäftsstelle, Postfach 1405, 76003 Karlsruhe, Stephanienstr. 86, 76133 Karlsruhe, T (07 21) 1 81 50, Fax (07 21) 2 61 76

Bayerischer Turnverband, Geschäftsstelle, Georg-Brauchle-Ring 93, 80992 München, T (0 89) 1 57 02-313 bis 3 23, BLSV-Postfach 50 01 20, 80971 München, Fax (0 89) 1 57 02-317

Berliner Turner-Bund, Geschäftsstelle, Vorarlberger Damm 39, 12157 Berlin, T (0 30) 7 87 94 50, Fax (0 30) 7 88 31 63

Märkischer Turner-Bund Brandenburg, Geschäftsstelle, Zeppelinstr. 114-117, Haus 5, 14471 Potsdam, T (03 31) 90 11 77, Fax (03 31) 90 11 78

Bremer Turnverband, Geschäftsstelle, Violenstr. 27, 28195 Bremen, T (04 21) 32 65 92

Verband für Turnen und Freizeit – Landesorganisation Hamburg, Geschäftsstelle, Schäferkampsallee 1, Haus des Sports, 20357 Hamburg, T (0 40) 41 90 82 37, Fax (0 40) 41 90 82 02

Hessischer Turnverband, Geschäftsstelle, Postfach 15 68, 61105 Bad Vilbel, T (0 61 01) 54 61-0, Fax (0 61 01) 54 61 20

Turnverband Mecklenburg-Vorpommern, Geschäftsstelle, Satower Str. 13, 18059 Rostock, T u. Fax (03 81) 4 00 29 65

Turnverband Mittelrhein, Geschäftsstelle, Haus des Turnens, Rheinau 10, 56075 Koblenz, T (02 61) 13 51 50, Fax (02 61) 1 3 51 59

Niedersächsischer Turner-Bund, Geschäftsstelle, Postfach 44 09, 30044 Hannover, Maschstr. 18, 30169 Hannover, T (05 11) 9 80 97 – 0, Fax (05 11) 9 80 97 - 12

Pfälzer Turner-Bund, Geschäftsstelle, Am Schlagbaum 5, 67655 Kaiserslautern, T (06 31) 340 34 70, Fax (06 31) 4 28 68

Rheinhessischer Turner-Bund, Geschäftsstelle, Jahnstr. 4, 55124 Mainz, T (0 61 31) 9 41 70, Fax (0 61 31) 94 17 17

Rheinischer Turner-Bund, Geschäftsführer, Geschäftsstelle, Stadion an der Paffrather Straße 133, 51465 Bergisch Gladbach, Postfach 20 07 45, 51437 Bergisch Gladbach, T (0 22 02) 20 03-0, Fax (0 22 02) 20 03-90

Saarländischer Turnbund, Geschäftsstelle, Hermann-Neuberger-Sportschule, Gebäude 54, 66123 Saarbrücken, T (06 81) 3879-226,227,228 u. 229, Fax (06 81) 3879-230

Landesturnverband Sachsen-Anhalt, Geschäftsstelle, Manfred-Stern-Str. 7, 06128 Halle, T (03 45) 1 20 02 16, Fax (03 45) 1 20 02 17

Sächsischer Turnerverband, Geschäftsstelle, Marschnerstr. 29, 04109 Leipzig,T (03 41) 2 16 31 23, 2 16 31 39, 2 16 31 40, Fax (03 41) 2 16 31 39

Schleswig-Holsteinischer Turnverband, Geschäftsstelle, „Haus des Sports", Winterbeker Weg 49, 24114 Kiel, T (04 31) 6 48 61 55, Fax (04 31) 68 53 06

Schwäbischer Turner-Bund, Geschäftsstelle, Postfach 50 10 29, 70340 Stuttgart, T (07 11) 57 55 60, Fax (07 11) 5 75 56 76

Thüringer Turnverband, Geschäftsstelle, Arndtstr. 5, 99096 Erfurt, T u. Fax (03 61) 3 45 94 49 oder T (03 61) 6 43 43 25

Westfälischer Turner-Bund, Geschäftsstelle, Landesturnschule Oberwerries, 59073 Hamm, T (0 23 88) 3 00 00-0, Fax (0 23 88) 10 74

Akademischer Turnbund, Geschäftsstelle, Sonja Neuwirth, Röntgenstr. 21, 70736 Fellbach, T (07 11) 5 75 56 80, Fax (07 11) 5 75 56 76

Bayerischer Turnspiel-Verband, Geschäftsstelle, Georg-Brauchle-Ring 93, 80992 München, T (0 89) 1 57 02-3 73, Fax (0 89) 1 57 46 41

Zur DTB-Schriftenreihe „Wo Sport Spaß macht“

Seit Anfang 1996 gibt der Deutsche Turner-Bund im Meyer & Meyer Sportverlag die Schriftenreihe „Wo Sport Spaß macht“ heraus. Das Motto ist gleichzeitig Programm, denn allen Büchern dieser Reihe ist gemeinsam, daß sie aktuelle Trends und bewährte Angebote unter neuesten wissenschaftlichen Erkenntnissen flott „'rüberbringen“ sollen.

Mindestens sechs neue Titel sollen jährlich in der Schriftenreihe erscheinen. Kompetent und praxisnah sollen die aktuellen Trends und Entwicklungen im Sport für die Vereinspraxis aufbereitet werden. Die Themenpalette reicht dabei vom bewährten Kinderturnen über alle Formen von Gymnastik und Aerobic sowie Fitneß- und Gesundheitssport für jede Altersstufe bis hin zum Sport mit „50 Plus“.

Mit der Schriftenreihe „Wo Sport Spaß macht“ bietet der DTB als Verband für Turnen und Gymnastik einen weiteren Baustein seiner Dienstleistungen für die Übungsleiterinnen und Übungsleiter in den Vereinen. Die Schriftenreihe stellt eine sinnvolle Ergänzung des bundesweit flächendeckenden Aus- und Fortbildungssystems im DTB und seinen Landesturnverbänden dar.

Weitere Informationen zum aktuellen Programm der Aus- und Fortbildung sind zu erfragen beim zuständigen Landesturnverband sowie zentral in der DTB-Geschäftsstelle, Otto-Fleck-Schneise 8 in 60528 Frankfurt/Main (Tel.: 0 69 / 6 78 01-0).

Der DTB bietet darüber hinaus weitere Materialien für Turnen, Gymnastik und Aerobic an: Musik-Kassetten, Handbücher, Kleingeräte, Sportkleidung etc. Fordern Sie unverbindlich den aktuellen Katalog an bei der DTB-Fördergesellschaft, Otto-Fleck-Schneise 10 a, 60528 Frankfurt (Tel. 0 69 / 67 80 11 38).